101

EXCELLENTES RÉPONSES

AUX

QUESTIONS D'ENTREVUE

| QUATRIÈME ÉDITION |

RON FRY

LES
ÉDITIONS
REYNALD
GOULET
INC.

101 EXCELLENTES RÉPONSES AUX QUESTIONS D'ENTREVUE

Adaptation : Luc Girard
Révision linguistique : Michèle Simond et Louise-Marie Bédard

Page couverture : Martineau design graphique
Infographie : Productions André Ayotte inc.

Diffusion exclusive : Les Éditions Reynald Goulet inc.
www.goulet.ca

Bibliothèque nationale du Québec
Bibliothèque nationale du Canada

Nous reconnaissons l'aide financière du gouvernement du Canada par l'entremise
du Programme d'Aide au Développement de l'Industrie de l'Édition (PADIÉ) pour
nos activités d'édition.

Imprimé au Canada

03 02 01 00   5 4 3 2 1

ISBN 2-89377-200-5

Table des matières

Introduction

L a première édition de ce livre remonte à environ 10 ans et, avant de l'écrire, je n'aurais pas pu me vanter de mes habiletés en entrevue d'embauche. Loin de là ! En effet, je n'ai pas souvent obtenu d'emploi pour lequel j'étais tout à fait qualifié. J'ai donc consacré beaucoup de temps à apprendre toutes les erreurs à éviter, après les avoir toutes commises au moins deux fois.

Au lieu d'abandonner, comme j'ai souvent songé à le faire, j'ai au contraire décidé de plonger dans l'étude du processus d'entrevue avec encore plus d'acharnement. Heureusement, à force d'entrevues et après maints déboires, je me suis amélioré. Aujourd'hui, à titre à la fois d'ancien interviewé et de vétéran intervieweur, je peux vous affirmer que l'entrevue d'embauche est une affaire plus sérieuse que jamais.

Les employeurs recherchent des « employés autonomes », polyvalents, confiants et qui n'ont pas peur de retrousser leurs manches pour faire leur travail. Mais vous ne pouvez commencer à démontrer votre valeur sans passer d'abord par l'entrevue d'embauche.

Regardons les choses en face. Une entrevue d'embauche n'a jamais été chose facile. Pourtant, de toutes vos munitions, votre habileté à briller pendant ce court moment qu'est votre première entrevue peut vous donner ou vous enlever la chance de passer la seconde entrevue qui, elle, déterminera si vous obtiendrez ou non l'emploi.

Savez-vous manger avec des baguettes ?

Comme jouer du piano, l'entrevue d'embauche exige de la pratique, car celle-ci améliore les performances. Ce livre repose sur mon expérience personnelle des entrevues – comme interviewé et comme intervieweur – et tient compte autant de mes échecs que de mes succès. Il a pour objet de vous épargner les nombreuses déceptions que j'ai subies, en vous aidant à vous préparer à l'entrevue, même la plus traumatisante, mais avec la distance du regard sévère de l'intervieweur.

Aurez-vous à répondre à toutes les questions présentées dans cet ouvrage ? Non... du moins pas dans une même entrevue. Cependant, il est probable que les questions que l'intervieweur ne vous posera pas aujourd'hui le seront demain par le prochain. Pourquoi ? Chacun sa manière.

Réfléchissez avant d'agir

La plupart des intervieweurs ne s'amusent pas à vous torturer pour le plaisir. Ils posent des questions difficiles pour aller au fond de sujets précis. Pourquoi ? Parce qu'ils doivent apprendre rapidement assez de choses sur vous pour répondre de façon éclairée à leur propre interrogation : *vous retenir ou vous laisser aller ?* Par ailleurs, si vous savez ce qu'ils recherchent, vous pouvez fignoler vos réponses en fonction de leurs attentes et, du même coup, réduire votre anxiété et votre peur.

Est-ce la meilleure chose à faire ? En quelque sorte, oui, mais j'espère que vous franchirez un pas de plus et utiliserez ces questions comme point de départ à une sérieuse auto-évaluation. Vous devez vous préparer à réfléchir avant d'agir.

Un plan d'organisation détaillé

Les chapitres 1 et 2 présentent le travail à faire et les choses auxquelles vous devez penser longtemps avant votre première entrevue. La préparation ne constitue peut-être pas 99 % du succès de l'entrevue, mais elle y contribue pour au moins la moitié. Dans les chapitres 3 à 10, nous plongeons au cœur du sujet, à savoir : les questions auxquelles vous devez vous attendre et les réponses qu'espèrent la plupart des intervieweurs. Je n'ai pas fait le décompte exact des questions proposées (questions principales et leurs variantes), mais il y a en a bien davantage que les 101 annoncées dans le titre du livre. Cette nouvelle édition est également plus pratique et plus facile à utiliser que la précédente. De plus, chaque question est habituellement suivie de trois sous-éléments :

➲ Que veulent-ils entendre ?
(quelle information l'intervieweur recherche-t-il ?)

 Feu vert
(bonne réponse)

 Feu rouge
(mauvaise réponse)

Attendez-vous également à vous faire poser des questions subsidiaires ou des variantes aux questions importantes.

Un, deux, trois... feu rouge !

Les « feux rouges » qui suivent bon nombre de questions signalent des réponses qui risquent d'agacer l'intervieweur moyen et d'amener l'intervieweur occupé à vous suggérer de chercher du travail ailleurs.

J'aurais aussi pu inclure une liste générale de feux rouges après chaque question, c'est-à-dire les facteurs à éviter dans *toute* entrevue ou dans *toute* réponse. Mais, pour ne pas encombrer le livre inutilement, permettez-moi de souligner ci-dessous les attitudes à éviter absolument :

➲ Présentation négligée

⊃ Retard à l'entrevue

⊃ Tenue vestimentaire inadéquate

⊃ Réponse, bonne et précise ou non, qui s'écarte de la question

⊃ Attitude défensive, surtout si elle n'a pas lieu d'être

⊃ Manque de connaissances sur l'entreprise, le travail et (ou) le secteur d'activité (absence ou manque évident de préparation et de recherche)

⊃ Malhonnêteté

⊃ Manque d'enthousiasme et (ou) d'intérêt

⊃ Mauvaises questions de votre part

⊃ Toute réponse démontrant que vous n'êtes pas qualifié pour l'emploi

⊃ Toute divergence entre votre curriculum vitae ou votre lettre de présentation et vos réponses à l'entrevue (comme donner des détails sur des emplois non mentionnés dans votre c.v.)

⊃ Manque de clarté et de précision

⊃ Manque de contact visuel

⊃ Tout commentaire négatif, surtout envers des personnes (votre dernier patron, vos anciens collègues de travail, etc.)

⊃ Incapacité de prendre ses responsabilités face aux échecs, aux faiblesses, aux mauvaises décisions ou aux mauvais résultats ; ou s'accorder tout le mérite d'une réussite à laquelle d'autres ont contribué.

Même si la plupart des intervieweurs ne considéreront pas l'une ou l'autre de ces attitudes comme un motif de rejet systématique, leur cumul peut obliger même le plus compréhensif d'entre eux à douter que vous conveniez pour le poste. (Certains facteurs, toutefois, comme la malhonnêteté, conduiront à un « merci et au revoir » immédiat et bien senti.)

Ça alors ! je ne pensais pas que vous me demanderiez cela !

Les questions proposées dans ce livre sont regroupées par type et ne sont présentées dans aucun ordre particulier. Nombre des questions des chapitres 8 et 10, par exemple, peuvent très bien figurer parmi les premières questions posées lors d'une entrevue d'embauche ! Je vous recommande de lire attentivement toutes les questions sans tenir compte de leur ordre.

Je vous engage fortement à prendre le temps de raffiner les réponses. Peaufinez-les jusqu'à ce qu'elles étincellent. Relisez-les encore et encore jusqu'à ce que vous soyez vraiment à l'aise avec elles. Prenez le temps d'en mémoriser quelques-unes (je vous dirai lesquelles) de façon à pouvoir les répéter à l'intervieweur de manière spontanée et enthousiaste, et non par cœur ou sur un ton monocorde.

Vous trouvez que c'est beaucoup de travail ? En effet, cela pourrait maintenant vous apparaître comme un défi de taille. Cependant, je vous assure que d'ici la fin de votre lecture, vous attendrez votre prochaine entrevue d'embauche avec assurance et impatience.

Une pause compliment

Malgré ma réputation peu reluisante auprès des agences d'emploi, ce livre a connu un succès en librairie dès sa première édition et continue de bien se vendre année après année. Sans prétendre connaître les raisons de cette réussite, je peux quand même tenter une explication : il s'agit d'un livre simple, direct, pratique et rédigé dans un style invitant et humoristique.

Je sais que ce livre a aidé des centaines de milliers de candidats à se préparer à tout genre d'entrevues et à tous les styles d'intervieweurs possibles. Je suis heureux et fier de savoir que cette nouvelle édition du « millénaire » aidera encore de nombreuses personnes dans les années à venir !

Bon ! Assez perdu de temps à vous dire ce que vous allez apprendre. Commençons sans plus tarder. Bonne chance !

Ron Fry

P.S. : un mot sur l'emploi des genres masculin et féminin dans ce livre. Sauf lorsque le contexte ou les circonstances l'exigent, le masculin est réputé comprendre le féminin.

Chapitre 1

Le produit ? Vous

Ce chapitre a pour seul objet de vous aider à répondre aisément à une et *une seule* question : « Qui êtes-vous ? » Croyez-le ou non, le succès ou l'échec de beaucoup d'entrevues d'embauche dépend de votre capacité à répondre à cette question en apparence simple.

Le processus d'entrevue s'apparente à une vente pour laquelle vous seriez à la fois le produit et le vendeur. Si vous vous présentez sans être prêt à parler de vos particularités et des avantages que vous pouvez apporter à votre éventuel employeur, vous n'inciterez vraisemblablement aucun intervieweur à vous « acheter ».

Hélas, de nombreux candidats *ne sont pas* préparés à parler d'eux-mêmes. Vous avez peut-être envoyé un curriculum vitae et une lettre de présentation magnifiques. Vous portez peut-être les vêtements parfaits le jour de l'entrevue. Cependant, si vous ne pouvez convaincre l'intervieweur – entre quatre yeux – que vous êtes la personne toute désignée pour l'emploi, vous ne conclurez probablement pas la vente.

Trop de candidats hésitent après la première question ouverte, puis trébuchent et bégaient une litanie décousue de

« bribes d'information » contenues dans leur curriculum vitae. D'autres récitent des réponses réchauffées ne mettant en évidence que leur bonne mémoire.

Je suppose que, comme la plupart des gens, vous êtes un produit complexe, fait d'une combinaison unique de qualités, d'habiletés et de talents influencés par votre histoire personnelle et professionnelle. Croyez-moi, le temps que vous consacrez à mettre les détails de votre vie en valeur sera payant en entrevue et se traduira, en fin de compte, par des offres d'emploi. Dans ce chapitre je vous guiderai à travers les étapes nécessaires de ce processus.

Ce que vous devriez savoir sur vous

Vous pensez peut-être que vous connaissez votre vie par cœur. Vous serez toutefois étonné de voir le nombre de détails qui surgiront de votre mémoire lorsque vous mettrez tout cela par écrit. Vous serez également surpris de constater comment tout cela s'insérera dans votre prochaine étape de carrière.

La première étape consiste à faire comme le FBI (*Federal Bureau of Investigation*), c'est-à-dire à monter un « dossier » complet sur vous. Les fiches de renseignements proposées à la fin de ce chapitre vous aideront à organiser les données importantes liées à votre expérience de travail. Ces renseignements vous permettront de développer plus facilement une réponse concise et convaincante à n'importe quelle question d'entrevue ; une réponse qui vous démarquera de vos concurrents. (J'ai inclus une seule copie de chaque fiche. Vous pouvez néanmoins les reproduire à volonté.)

Fiche sur l'emploi

Préparez une feuille distincte pour chaque emploi à plein temps et à temps partiel que vous avez occupé, quelle qu'en soit la durée. Même les emplois d'été sont importants, car ils démontrent votre débrouillardise et votre sens des responsabilités et de l'initiative. Ils démontrent aussi que vous étiez déjà en train de développer votre autonomie alors que vous étiez encore aux études.

Pour ce qui est de les inclure ou non dans votre curriculum vitae ou dans le cadre de vos entrevues, vous le déciderez plus tard. Pour l'instant, écrivez tout ce dont vous vous souvenez sur chacun de vos emplois. Pour chaque employeur, inscrivez :

⊃ Le nom, l'adresse et le numéro de téléphone (et adresse de courriel, si elle existe)

⊃ Les noms de tous vos supérieurs et, si possible, où les rejoindre

⊃ Les lettres de recommandation (surtout si vos supérieurs ne peuvent être rejoints)

⊃ La durée exacte (mois et année) de chaque emploi

Pour chaque emploi, indiquez :

⊃ Vos principales fonctions et responsabilités

⊃ Votre expérience de supervision et le nombre de personnes sous votre responsabilité

⊃ Les qualifications particulières exigées pour l'emploi

⊃ Vos principales réalisations

⊃ Les dates de vos promotions

⊃ Tout prix, distinction ou reconnaissance spéciale

Pour chaque emploi à temps partiel, indiquez aussi :

⊃ Le nombre d'heures travaillées par semaine

N'écrivez pas un *livre* sur chaque emploi. Efforcez-vous néanmoins de présenter une information *précise* (charge de travail, problèmes résolus, économies réalisées) de façon à brosser un portrait détaillé de vos habiletés et réalisations. Croyez-moi, ces détails pratiques donneront de la vitalité à votre présentation en entrevue. Dans les lignes qui suivent, vous trouverez quelques exemples.

Responsabilités : écrivez une ou deux phrases donnant un aperçu des tâches accomplies pour chacun de vos emplois. Utilisez des chiffres chaque fois que cela est possible pour montrer la portée de vos responsabilités. Ainsi, un vendeur expérimenté pourrait écrire :

⊃ Responsable de la gestion de 120 comptes actifs dans un territoire de vente ayant généré des revenus annuels de trois millions de dollars.

⊃ Supervision des tâches de trois télé-vendeurs.

Compétences : énumérez les compétences requises pour remplir vos tâches, en soulignant celles que vous avez acquises en cours d'emploi. Le même vendeur pourrait écrire :

⊃ Ai assuré la formation d'autres vendeurs pour les nouvelles gammes de produits.

⊃ M'occupais du service téléphonique après-vente pour une centaine de clients.

Principales réalisations : voici l'endroit pour « enjoliver » la réalité. Mais assurez-vous d'appuyer chacune de vos réalisations par des faits précis, résultats compris. Par exemple :

⊃ Ai développé un nouveau système de présentation de rapports qui a augmenté le volume d'affaires du territoire de 20 % en 18 mois.

⊃ Ai coordonné l'informatisation du service, contribuant ainsi à réaliser des économies de 15 % dans les coûts d'exploitation.

Fiche sur le travail bénévole

Je peux vous assurer, après avoir embauché des centaines de personnes pendant ma carrière, que vos activités hors travail seront considérées et évaluées par de nombreux intervieweurs. Les bourreaux de travail font rarement les meilleurs employés.

Prenez donc le temps de passer en revue et dans le détail vos activités bénévoles, comme vous venez de le faire pour vos emplois. Pour chaque activité bénévole à laquelle vous avez participé, indiquez :

⊃ Le nom, l'adresse et le numéro de téléphone de l'organisme (et, si disponible, l'adresse de courriel)

⊃ Le nom du responsable duquel vous releviez ou du directeur de l'organisme

⊃ Ajoutez les lettres de recommandation

⊃ Les dates exactes (mois et année) de votre participation

Pour chaque expérience de bénévolat, indiquez :

⊃ Le nombre approximatif d'heures consacrées chaque mois à l'activité

⊃ Vos tâches et responsabilités précises

⊃ Les compétences exigées

⊃ Vos réalisations

⊃ Tout prix, distinction ou reconnaissance spéciale

Fiche scolaire

Si vous venez d'obtenir votre diplôme d'études collégiales ou si vous êtes encore au cégep, il est inutile de rabâcher votre expérience du secondaire. Par contre, si vous détenez un baccalauréat spécialisé ou si vous étudiez encore au premier ou au deuxième cycle universitaire, vous devriez indiquer à la fois votre cursus collégial et votre cursus universitaire. Si vous êtes encore aux études et serez diplômé dans plus d'un an, indiquez le nombre de crédits accumulés pendant la dernière session complétée.

Fiches d'activités personnelles

Je suis toujours intéressé (et impressionné) par les candidats qui me parlent des livres qu'ils ont lus et des activités qu'ils aiment pratiquer. Dressez donc une liste de tous les sports, clubs et autres activités auxquelles vous avez participé à l'école ou à l'extérieur de votre travail. Pour chaque activité, club ou groupe, indiquez :

⊃ Le nom et le but de l'activité

⊃ Tout poste que vous avez occupé ; les comités que vous avez fondés, présidés ou auxquels vous avez participé ; ou les rôles particuliers que vous avez joués

⊃ Vos tâches et responsabilités pour chaque activité

⊃ Vos réalisations majeures

⊃ Tous les prix ou distinctions obtenus

Fiche des prix et distinctions

Dressez la liste de tous les prix et distinctions que vous avez obtenus pendant vos études ou que vous avez reçus des groupes communautaires ou religieux, des clubs et autres groupes dont vous avez été membre. Vous pouvez ajouter les prix obtenus dans des écoles secondaires renommées (écoles préparatoires ou professionnelles) même si vous êtes à l'université ou avez arrêté vos études depuis longtemps.

Fiche sur le service militaire

De nombreux employeurs sont impressionnés par la maturité des candidats ayant servi dans les forces armées et considèrent le service militaire comme une excellente formation à la gestion pour beaucoup d'occupations civiles. Alors, si vous avez été dans les forces armées, même pour une courte période, assurez-vous de pouvoir parler de vos expériences et de leurs liens avec vos aspirations professionnelles.

Veillez à inclure :

⊃ Votre grade

⊃ Vos devoirs et responsabilités

⊃ Les citations et autres prix

⊃ Des détails sur les formations techniques particulières et (ou) sur toute formation scolaire spécialisée

⊃ Les compétences acquises

⊃ Vos principales réalisations

Fiche sur les langues

Même si vous ne postulez pas un emploi dans l'arène internationale, votre capacité de lire, écrire et parler une deuxième voire une troisième langue peut vous rendre inestimable pour les employeurs dans un nombre croissant d'établissements scolaires, de centres de recherche et de multinationales. Une année de russe au cégep ne fera pas grand effet, mais si vous avez étudié un an à Moscou et pouvez parler le russe couramment, de grâce, indiquez-le.

Organiser l'information selon votre point de vue

Lorsque vous aurez rempli toutes ces fiches, vous aurez beaucoup d'informations (de faits) sur ce que vous avez accompli, sur les endroits où vous avez travaillé et sur les personnes avec lesquelles vous avez réalisé ces activités. Mais tout intervieweur le moindrement sérieux vous en demandera plus. Lorsque vous rassemblez tous les renseignements qui vous concernent, essayez donc de mettre tout cela en perspective, en fonction de votre propre point de vue. Écrivez les réponses aux questions suivantes (vous pouvez vous attendre à vous les faire poser en entrevue) :

❶ Quelles réalisations vous ont le plus intéressé ? Desquelles êtes-vous le plus fier ? Soyez prêt à expliquer à l'intervieweur la relation entre ces réalisations et le poste en jeu.

❷ Quelles erreurs avez-vous commises ? Pourquoi se sont-elles produites ? Qu'avez-vous appris de ces erreurs? Qu'avez-vous fait pour ne pas les répéter ?

❸ Comment réagissez-vous devant les figures d'autorité (patrons, professeurs, parents) ?

❹ Quels sont vos jeux et vos sports préférés ? Pensez à la façon dont vous y jouez (ou y participez) et à ce qu'ils révèlent sur vous. Êtes-vous trop compétitif ? Laissez-vous tomber la partie trop facilement ? Êtes-vous bon perdant (ou mauvais gagnant) ? Vous montrez-vous à la hauteur de la situation ou reculez-vous devant un défi ?

❺ Qui sont vos amis ? Vous liez-vous seulement avec les gens qui vous ressemblent ? Appréciez-vous les différences chez les autres ou les tolérez-vous difficilement ? Quelles raisons vous ont poussé à rompre des amitiés ? Qu'est-ce que cela révèle sur vous ?

❻ Si vous demandiez à un groupe d'amis ou à des connaissances de vous décrire, quels qualificatifs utiliseraient-ils ? Dressez-en la liste (les bons comme les mauvais points). Pourquoi les gens vous décrivent-ils ainsi ? Y a-t-il des comportements, des habiletés, des réalisations ou des échecs qui semblent vous caractériser aux yeux des autres ? Si oui, quels sont-ils ?

Pourquoi cette recherche ?

Vous vous sentez probablement un peu inconfortable en ce moment et vous vous demandez peut-être à quoi peut servir cette recherche personnelle. Vous vous dites qu'après tout vous ne voulez que vous préparer à une entrevue d'embauche.

L'objectif de cette recherche est simple : mieux vous vous connaîtrez vous-même, mieux vous pourrez vous vendre à un employeur potentiel lors d'une entrevue d'embauche. À partir de vos fiches de renseignements, vous pouvez dresser une liste de vos meilleurs atouts en les regroupant sous les titres suivants :

- Mes compétences les plus solides
- Mes domaines de connaissances les plus développées
- Mes traits de personnalité les plus intéressants
- Les choses dans lesquelles j'excelle
- Mes principales réalisations

Maintenant, convertissez vos meilleures qualités en avantages pour la société visée :

❶ Parmi mes qualités, lesquelles convaincront l'employeur que je mérite le poste ?

❷ Quels sont les forces, les réalisations, les habiletés et les domaines de connaissance qui me qualifient le plus pour ce travail ? Qu'est-ce qui, dans mon histoire, pourrait me servir à me démarquer le plus des autres candidats.

En répondant à des questions difficiles sur vos erreurs et en tenant compte de la réaction négative à laquelle elles vous ont exposé, vous pouvez aussi identifier des domaines où une amélioration s'impose. Avez-vous besoin d'acquérir de nouvelles habiletés ? d'améliorer vos relations avec les figures d'autorité ? Si vous allez au fond des choses sans jamais tricher (ce qui peut sembler ardu, à première vue), vous découvrirez certainement des choses sur vous que vous ignoriez totalement.

Plus vous consacrerez de temps et d'effort à répondre – la tête froide – à des questions semblables, moins vous suerez lors des entrevues.

Mais, avant de plonger dans la première des questions auxquelles vous aurez à répondre, jetons un coup d'œil sur le processus de l'entrevue elle-même.

Fiche sur l'emploi

Nom de l'employeur : _____

Adresse : _____

_____

_____

Téléphone : _____

Courriel : _____

Durée de l'emploi : du _____ au _____

Heures / semaine : Salaire /Paie : _____

Nom du supérieur : _____

Responsabilités : _____

Compétences utilisées : _____

_____

_____

_____

_____

_____

Réalisations / Distinctions / Prix : _____

_____

_____

_____

_____

_____

Autres renseignements importants : _____

_____

_____

_____

Fiche sur le travail bénévole

Nom de l'organisme (employeur) _____

Adresse : _____

_____

_____

Téléphone : _____

Courriel : _____

Durée de l'emploi : du _____ au _____

Heures/semaine : Salaire/Paie : _____

Nom du supérieur : _____

Responsabilités : _____

Compétences utilisées : _____

_____

_____

_____

_____

Réalisations / Distinctions / Prix : _____

_____

_____

_____

_____

Autres renseignements importants : _____

_____

_____

_____

Fiche sur l'éducation secondaire

Nom de l'établissement : _____

Adresse : _____

Téléphone : _____

Années de fréquentation : de _____ à _____

Études principales : _____

_____

_____

_____

_____

Note / Rang : _____

Prix / Distinctions : _____

_____

_____

_____

_____

_____

Cours importants : _____

_____

_____

_____

_____

_____

Fiche sur l'éducation spécialisée
(écoles professionnelles ou spécialisées)

Nom de l'école : _____

Adresse : _____

Téléphone : _____

Années de fréquentation : de _____ à _____

Études principales : _____

_____

_____

_____

_____

Note / Rang : _____

Prix / Distinctions : _____

_____

_____

_____

_____

Cours importants : _____

_____

_____

_____

Fiche sur l'éducation collégiale

Nom de l'établissement : _____

Adresse : _____

_____

_____

Téléphone : _____

Années de fréquentation : de _____ à _____

Diplôme(s) obtenu(s) : _____

Majeure /Mineure : _____

_____

Note / Rang : _____

Prix / Distinctions : _____

_____

_____

_____

_____

_____

Cours importants : _____

_____

_____

_____

_____

_____

Fiche sur l'éducation universitaire

Nom de l'université : _____

Adresse : _____

_____

_____

Téléphone : _____

Années de fréquentation : de _____ à _____

Diplôme (s) obtenu (s) : _____

Majeure / Mineure : _____

_____

Note / Rang : _____

Prix / Distinctions : _____

_____

_____

_____

_____

_____

Cours importants : _____

_____

_____

_____

_____

Fiche sur les activités personnelles

Club / Activité : _____

Poste occupé : _____

Description de la participation : _____

_____

_____

_____

Tâches / Responsabilités : _____

_____

Club /Activité : _____

Poste occupé : _____

Description de la participation : _____

_____

_____

_____

Tâches / Responsabilités : _____

Club / Activité : _____

Poste occupé : _____

Description de la participation : _____

_____

_____

_____

Tâches / Responsabilités : _____

_____

_____

Fiche sur les prix et distinctions

Nom du prix, de la citation, etc. _____

De qui l'avez-vous reçu : _____

Date : _____

Signification : _____

_____

Autre information pertinente : _____

_____

_____

Nom du prix, de la citation, etc. : _____

De qui l'avez-vous reçu : _____

Date : _____

Signification : _____

_____

_____

Autre information pertinente : _____

_____

_____

Nom du prix, de la citation, etc. : _____

De qui l'avez-vous reçu : _____

Date : _____

Signification : _____

_____

Autre information pertinente : _____

_____

_____

_____

Fiche sur le service militaire

Branche : _____

Grade (à la fin du service militaire) : _____

Dates de service : du _____ au _____

Tâches et responsabilités : _____

_____

_____

_____

_____

Formation spécialisée et (ou) école fréquentée : _____

_____

_____

_____

Citations, prix, etc. : _____

_____

_____

Réalisations particulières : _____

_____

_____

_____

_____

_____

Fiche sur les langues

Langue : _____

❑ Lue   ❑ Écrite   ❑ Parlée

Acquis (nombre d'années d'étude de la langue, voyages, etc.) :

_____

_____

_____

_____

Langue : _____

❑ Lue   ❑ Écrite   ❑ Parlée

Acquis (nombre d'années d'études de la langue, voyages, etc.) :

_____

_____

_____

_____

Langue : _____

❑ Lue   ❑ Écrite   ❑ Parlée

Acquis (nombre d'années d'études de la langue, voyages, etc.) :

_____

_____

_____

_____

Chapitre 2

Un tour dans la fosse aux lions

L'époque où il suffisait de remplir une demande d'emploi et de passer une ou deux entrevues d'embauche est révolue. De nos jours, les intervieweurs et les gestionnaires responsables de l'embauche hésitent à laisser quoi que ce soit au hasard. Beaucoup, même, utilisent les techniques les plus modernes de collecte et d'analyse de données. Pour les employeurs, l'entrevue d'embauche est devenue une science à part entière.

Plus d'employeurs semblent rechercher un type particulier d'employé : une personne expérimentée, confiante et capable d'initiative pour apprendre ce qu'il y a à apprendre. Une personne qui exige peu de supervision. Une personne qui n'hésite pas à mettre les mains à la pâte en tout temps.

Comme les employeurs ne peuvent déceler tout cela à partir d'une demande d'emploi et d'une poignée de main, voici ce qu'ils exigent de vous :

Passer le(s) test(s). Vous devrez probablement passer plus d'entrevues que vos prédécesseurs pour le même emploi et ce, quelle que soit votre expertise. Le savoir et l'expérience vous donneront toujours une longueur d'avance, mais, de nos jours, vous devez également avoir de l'endurance. Pour vous considérer comme complètement évalué, on peut aller jusqu'à mesurer votre honnêteté, votre intelligence et votre santé mentale, voire aussi le coefficient toxicologique de votre sang.

Affronter plus d'entrevues. Pour survivre comme nouvelle recrue lors d'entrevues d'embauche, vous aurez peut-être aussi à traverser des champs de mines parsemés de différentes mises en situation et, cela, en gardant votre sang-froid.

Ne courez pas vous abonner à une revue spécialisée en ressources humaines. Faites simplement tout ce que vous pouvez pour rester confiant, souple... et prêt à répondre. Cette approche devrait vous permettre de passer haut la main à travers n'importe quel genre d'entrevue.

Faisons maintenant un tour rapide du processus d'embauche.

À quoi (ou à qui) devrez-vous faire face ?

Trois techniques de sélection prédominent en matière d'entrevue d'embauche : la sélection par téléphone, la sélection par un service des ressources humaines et la sélection par un gestionnaire. Comment les distinguer et pourquoi une technique plutôt qu'une autre ? Même si la personnalité de l'intervieweur est un facteur important, l'adoption d'un style ou d'un autre est d'abord fonction du rôle et de la charge de travail de celui-ci dans l'organisation.

Examinons chacune de ces techniques d'embauche et voyons comment vous devriez les aborder.

Sélection par téléphone

La sélection par téléphone est une tactique efficace, employée par un grand nombre d'intervieweurs dans les trois catégories. Néanmoins, les adeptes de ce premier style utilisent cette stratégie comme *principal* moyen d'évaluation des employés potentiels. Pour beaucoup d'entre eux, l'entrevue en personne n'est que l'occasion de confirmer ce qu'ils pensent avoir déjà appris au téléphone.

Cette catégorie d'intervieweurs trouve ses adeptes surtout parmi les entrepreneurs, les chefs de direction, les cadres supérieurs et autres visionnaires à court de temps. Leur philosophie peut être résumée ainsi : « Mon temps est crucial, j'ai un problème d'effectif à régler et je ne perdrai pas une minute à parler en personne à quiconque sinon aux meilleurs candidats ».

La personne qui sélectionne par téléphone est souvent le principal intervieweur dans une petite ou moyenne entreprise où le service des ressources humaines (ou du personnel) est inexistant ou trop récent pour être pleinement fonctionnel. Le premier objectif de la sélection par téléphone est *de trouver les raisons de vous exclure avant de vous convoquer à un rendez-vous.*

Parmi les raisons courantes d'élimination rapide de la liste courte de ce genre d'intervieweur, il y a : la découverte de divergences entre votre curriculum vitae et votre expérience réelle, une mauvaise aptitude à communiquer, un manque de compétences techniques.

La conversation avec ces intervieweurs suroccupés est souvent assez brève. Ces personnes en ont plein les bras, la majorité du temps.

« Mais quoi de mieux que de répondre aux questions dans le confort douillet de mon foyer ! » pensez-vous sans doute.

Erreur ! D'abord, vous perdez au moins deux outils précieux que vous utilisez normalement durant les entrevues en personne : le contact visuel et le langage corporel. Il ne vous reste que vos compétences, votre curriculum vitae et votre aptitude à communiquer verbalement.

Ne vous découragez *pas.* Projetez *toujours* une image positive avec votre voix et vos réponses. N'exagérez pas, mais ne laissez pas le téléphone signer votre perte non plus. Si votre confiance vacille, essayez de sourire quand vous écoutez et parlez. D'accord, cela peut sembler idiot, mais ça fonctionne. De toute façon, personne ne peut vous voir !

Autre point important ! Vous avez le droit d'être prêt pour toute entrevue. Les probabilités que l'intervieweur vous appelle pour convenir avec vous de l'heure de l'entrevue par téléphone sont assez bonnes. Toutefois, si cette personne désire commencer dès l'instant où vous répondez, ne craignez pas de lui demander si elle pourrait rappeler à un moment que vous conviendrez alors. Vous devez préparer le cadre de l'entrevue si vous voulez la réussir. Si les enfants se disputent, si vous attendez un colis ou, encore, si la fonction d'appel en attente n'arrête pas de sonner et de vous interrompre, vous voilà bien mal parti avant même d'avoir commencé. Ne répondez jamais dans ces conditions. Demandez à l'intervieweur de vous rappeler.

Sélection par le service des ressources humaines

Cette catégorie regroupe de nombreux spécialistes des ressources humaines et du personnel. Pour ces professionnels, l'entrevue d'embauche n'est pas un événement mensuel ou trimestriel, mais plutôt une partie importante de leur travail quotidien. Ces personnes rencontrent et interviewent beaucoup de gens. Elles sont donc plus susceptibles que celles des deux autres catégories de sélectionner un candidat exceptionnel pour plus d'un poste dans l'entreprise.

L'un des principaux objectifs de la sélection par le service des ressources humaines est de réunir *la crème des candidats en vue d'une entrevue avec les gestionnaires* (voir la troisième catégorie). Pour ce faire, le service des ressources humaines doit bien sûr éliminer de nombreux postulants et demandeurs – une tâche énorme puisque le service des ressources humaines ou du personnel est souvent le seul contact mentionné dans les offres d'emploi.

Les raisons les plus fréquentes pour être éliminé de la « liste privilégiée » sont, notamment : le manque de qualifications officielles ou pratiques, conformes à la description d'emploi de l'organisation ; des changements soudains dans les priorités d'embauche et les besoins en personnel ; une mauvaise performance pendant l'entrevue elle-même ; et l'inaction causée par l'incertitude du service des ressources quant à votre statut actuel ou à vos coordonnées. Cette dernière raison est beaucoup plus répandue que vous ne pouvez l'imaginer. Les services de ressources humaines sont constamment submergés d'appels téléphoniques, de curriculum vitae et de visites impromptues de candidats. Malgré tous leurs efforts, il y a de fortes chances qu'il leur arrive de perdre la trace de personnes qualifiées.

Les services de ressources humaines excellent à séparer le bon grain de l'ivraie. Comme ils rencontrent régulièrement un large éventail de candidats, les professionnels de ces services cumulent habituellement plus d'entrevues en personne que les membres des deux autres catégories. Ils sont sans doute mieux habilités, aussi, pour déceler des incohérences ou des mensonges éhontés dans les curriculum vitae, car ils en ont tellement vus au cours des années qu'ils savent intuitivement quand les références professionnelles d'un candidat ne passent pas le test.

De plus, alors que les entrevues de sélection par téléphone ou par les gestionnaires sont parfois précipitées pour accommoder des horaires trépidants, les services de ressources humaines peuvent habituellement passer beaucoup plus de temps avec un candidat particulièrement qualifié que tout autre type d'intervieweurs.

Toutefois, ces intervieweurs manquent souvent de connaissances pratiques quant aux exigences quotidiennes des postes à combler. Ils ont bien sûr des résumés formels de ces emplois mais, contrairement aux gestionnaires, ils n'ont pas de connaissance de première main des habiletés, du tempérament et des perspectives nécessaires pour réussir dans l'emploi. D'habitude en retrait de l'action, ils se fient généralement aux descriptions de poste et aux résumés des exigences, souvent rédigés par les gestionnaires.

Si ces profils formels d'emploi sont ambigus et si les services de ressources humaines ne reçoivent aucune directive des gestionnaires quant au genre de personnes recherchées, il se peut que vous passiez à travers le processus même si vous n'êtes pas particulièrement qualifié (ou soyez éliminé même si vous l'êtes).

Il n'est pas étonnant que les services de ressources humaines réagissent souvent avec ahurissement lorsqu'on leur demande leur « pressentiment » quant aux mérites d'un candidat donné. Comme ils fonctionnent à l'arrière-plan du travail lui-même, les professionnels des ressources humaines préfèrent quantifier leurs évaluations des candidats en chiffres : une candidate *possède* trois années d'expérience ou elle *ne les a pas* ; ou un postulant *a* une formation en informatique, ou il *n'en a pas*. Bien sûr, une telle analyse peut négliger d'importantes questions, notamment celles touchant les relations interpersonnelles.

Sélection par le gestionnaire

Cette catégorie comprend les cadres qui choisissent (ou à qui on demande) d'incorporer des entrevues d'embauche dans leur horaire chargé. Habituellement, les gestionnaires interviewent des candidats qu'ils vont eux-mêmes diriger ; souvent, ces candidats ont été retenus par le service des ressources humaines ou référés par des collègues ou des contacts personnels.

Le principal objectif de ces gestionnaires est d'*évaluer sur place les compétences et la personnalité globale des candidats*. Ils veulent en apprendre le plus possible sur les personnes avec lesquelles ils vont travailler de près. (L'intervieweur par téléphone, à l'opposé, peut très bien être un entrepreneur qui délègue beaucoup et ne rencontre les nouveaux employés que par intermittence.)

Les raisons habituelles pour être éliminé de la «liste privilégiée» du gestionnaire comprennent : des difficultés d'interaction avec le gestionnaire ; une mauvaise performance pendant l'entrevue ; et l'évaluation du gestionnaire à l'effet que, malgré des qualifications certaines et une personnalité intéressante, le candidat ne s'intégrerait pas bien dans l'équipe.

Ces intervieweurs ont souvent une expérience de supervision directe dans le secteur où le poste s'est libéré. Un gestionnaire qui a travaillé avec un certain nombre d'employés au même poste apporte un éclairage unique au processus.

Souvent, ces intervieweurs sentent intuitivement quelle personne a le plus de chances (ou non) de bien faire le travail et de bien s'intégrer à l'équipe. Par ailleurs, les candidats sont parfois surpris de constater que d'excellents superviseurs peuvent ne pas être des intervieweurs chevronnés ; en effet, bon nombre de gestionnaires n'ont aucune formation dans l'art de l'entrevue.

Des trois catégories, c'est le groupe le plus susceptible de recourir à l'entrevue simplement pour en apprendre davantage sur vous – au lieu d'exiger des réponses précises à des questions sur vos antécédents, votre expérience, votre point de vue sur le travail et vos habiletés interpersonnelles.

Ces gestionnaires, comme ceux qui utilisent la sélection par téléphone, sont souvent pressés par le temps.

Rappelez-vous la dernière entrevue d'embauche (ou série d'entrevues) à laquelle vous avez été soumis. Mon intuition me dit que vous pouvez rapidement classer une ou plusieurs des personnes avec lesquelles vous avez parlé parmi les catégories ci-dessus. Cela ne signifie pas, par exemple, que les gestionnaires ne font *jamais* d'entrevues par téléphone avant de rencontrer des employés potentiels. De fait, comme vous le verrez dans les prochains chapitres, la «télé-entrevue» est un outil précieux que la plupart des intervieweurs qualifiés apprennent un jour à utiliser. Néanmoins, ces trois modèles représentent les styles prédominants dans la plupart des organisations.

Le temps est venu d'être plus précis et plus personnel

Les entrevues interpersonnelles sont gouvernées par un certain nombre de styles et de philosophies. Le but général, bien sûr, est de vous éliminer si vous ne possédez pas les aptitudes et les compétences recherchées.

Même si les intervieweurs expérimentés peuvent utiliser plus d'une stratégie, il est essentiel de reconnaître en tout temps le style d'entrevue en cours et de savoir comment y réagir. Voici donc un résumé sur les méthodes et les objectifs des approches les plus répandues.

L'entrevue comportementale

Sous cette forme, vous restez en terrain connu. Vos échanges avec l'intervieweur, qui essaie d'en apprendre davantage sur votre comportement au travail dans différentes situations, porteront presque exclusivement sur votre expérience passée. Il ou elle tentera ensuite d'utiliser cette information pour prévoir vos réactions futures au travail.

Comment vous êtes-vous comporté dans des situations difficiles ? Avez-vous été témoin de catastrophes en milieu de travail ? Comment avez-vous réagi ? Avez-vous fait la bonne chose ? Quelles ont été les répercussions de vos décisions ?

Faites attention à ce que vous dites. Chaque situation vécue était unique en son genre ; veillez donc à informer l'intervieweur des contraintes avec lesquelles vous avez dû composer. Avez-vous manqué de personnel qualifié ou de soutien de la part de votre employeur ? Si vous avez fait l'erreur d'aller trop vite en affaires, dites-le et admettez que, depuis lors, vous avez appris à analyser les choses en profondeur. Expliquez comment vous réagiriez si une telle situation se reproduisait.

Ceci dit, je vous conseille de vous éloigner des spécificités d'une situation donnée pour insister sur vos forces personnelles et sur l'expertise que vous pouvez apporter en toute confiance, pour tout défi que vous pourriez avoir à relever.

L'entrevue en équipe

Les hiérarchies organisationnelles d'aujourd'hui tendent à s'aplanir. Autrement dit, plusieurs personnes, à tous les échelons d'une société, ont la possibilité de participer à une variété de projets et de tâches – y compris vous interviewer pour l'emploi que vous postulez.

Comment cela fonctionne-t-il ? Tout dépend de l'entreprise. L'entrevue en équipe peut aller de la conversation sympatique à l'interrogatoire serré. En règle générale, vous rencontrerez un groupe de personnes ou une « équipe » d'intervieweurs autour d'une table de conférence. Ces gens peuvent être des membres du service dont vous ferez éventuellement partie ou d'un échantillon d'employés de l'entreprise. Une variante un peu moins stressante est l'approche de sélection par équipe, où, à tour de rôle, une seule personne à la fois pose des questions.

Le responsable de l'embauche ou un employé du service des ressources humaines peut présider une séance ordonnée de questions et réponses. Il peut aussi laisser le groupe libre de vous mitrailler de questions. Quand l'exercice sera terminé, chaque membre du groupe aura à évaluer votre performance.

Quelques responsables de l'embauche consultent en effet le groupe, après l'entrevue, pour procéder à une analyse de votre performance. D'autres prennent carrément leur décision en fonction du consensus du groupe. Le bon côté de ce type d'entrevue est que vous n'avez pas à vous inquiéter de ce que vos chances d'obtenir l'emploi dépendent de l'opinion subjective d'une seule personne. Supposons qu'un membre du groupe pense que vous avez manqué de confiance en vous ou que vous avez été arrogant. Les autres membres de l'équipe peuvent ne pas être d'accord. L'intervieweur qui a émis la critique devra défendre son point de vue à la satisfaction du groupe ou se taire.

Il est aussi plus probable (mais pas garanti) qu'un groupe de personnes vous pose un éventail plus large de questions de façon à faire ressortir et à souligner vos talents et votre expertise. Prenez votre temps et traitez chaque membre de l'équipe avec le même respect et les mêmes égards que vous auriez pour le responsable de l'embauche. Soyez également diplomate ; les politiques et procédures que vous critiquez sont peut-être acceptées par ceux qui vous interrogent. Ne fichez pas en l'air l'entrevue en les offensant.

L'entrevue sous pression

Les qualifications formelles sont importantes, mais pour certains emplois, les exigences affectives, les urgences soudaines et le rythme endiablé du travail peuvent être franchement intimidants – non pas épisodiquement, mais tous les jours. Même un candidat au courant de toutes les techniques opérationnelles peut fondre sous le regard d'un patron à cheval sur l'étiquette ou s'effondrer devant une échéance irréaliste.

Quand vous êtes interviewé pour ce genre d'emploi, qu'il s'agisse d'un poste de courtier en valeurs mobilières, de contrôleur aérien ou de gardien de prison, un intervieweur peut penser qu'il ne suffit pas de déterminer si vous êtes capable d'effectuer le travail dans les *meilleures* conditions. Il peut très bien vouloir vérifier comment vous réagiriez dans les *pires conditions.* C'est là qu'intervient l'entrevue sous pression.

Quiconque a survécu à une entrevue sous pression ne l'oubliera jamais. Elle est faite de façon à aller au fond des choses, par delà la façade, pour voir ce que vaut réellement un candidat. Une question ordinaire dans ce cadre pourra sembler brusque, voire inconvenante, ce qui est précisément l'intention de l'intervieweur.

J'ai vécu une entrevue sous pression avant même d'avoir entendu parler de cette technique. Ce n'est pas le meilleur moyen de s'y préparer, croyez-moi !

Il y a quelques années, j'avais posé ma candidature pour un poste de rédacteur dans une importante maison d'édition. Après avoir franchi la première haie – une entrevue de sélection au siège social de l'entreprise – je fus invité à rencontrer la directrice du personnel. Après un accueil chaleureux, celle-ci me conduisit dans son somptueux bureau. Nous avons conversé quelques minutes pendant que je m'installais, puis, soudain, tout bascula. Tout à coup, je me retrouvai sous le feu nourri d'un interrogatoire digne de la Gestapo.

Présumant que j'avais obtenu de bons résultats lors de l'entrevue de sélection, je fus consterné lorsque la directrice du personnel commença à poser ses questions. Elle commença par mettre en doute la valeur de mes qualifications. « Pourquoi, demanda-t-elle sarcastiquement, avais-je obtenu un diplôme en sciences humaines plutôt que dans une discipline plus *pratique* ? »

Elle demanda ce qui avait bien pu me faire croire que j'avais les capacités nécessaires pour éditer une revue (même si je le faisais déjà depuis plusieurs années).

Chacune des questions suivantes ricocha dans une nouvelle direction. Si la première concernait mon expérience de travail, la deuxième portait sur mon programme de conditionnement physique et la troisième, sur mon film favori.

Comme je l'ai découvert plus tard, les questions de la directrice atteignirent exactement leur objectif : elles m'ont rendu confus, craintif et hostile. J'admets m'être mal comporté, en répondant à la plupart de ses questions par monosyllabes et en évitant son regard.

Il va sans dire que je n'ai pas obtenu l'emploi. Mais, j'ai appris quelques précieuses leçons ce jour-là :

- **Ne laissez jamais voir que vous en arrachez.** Autrement dit, quel que soit le niveau de stress de la situation, restez calme. Ne cessez jamais de regarder l'intervieweur dans les yeux. Quand il a terminé de poser une question, prenez quelques secondes pour vous calmer et alors, alors seulement, répondez.

- **Reconnaissez la situation pour ce qu'elle est.** Ce n'est rien de plus qu'un scénario artificiel dont l'intention est de voir comment vous réagissez sous pression. L'intervieweur n'a probablement rien contre vous personnellement.

- **Ne vous découragez pas.** Il est facile de croire que l'intervieweur vous a pris en grippe et que vos chances de compléter le processus d'entrevue sont nulles. Ce n'est pas le cas. Le but d'une entrevue sous pression est de voir si vous allez devenir déprimé, hostile ou énervé lorsque l'entrevue se corsera.

- **Surveillez le ton de votre voix.** Il est facile de devenir sarcastique, au cours d'une entrevue sous pression, surtout si vous ignorez les intentions de l'intervieweur.

Pour terminer, vous pouvez très bien vous interroger sur l'intérêt qu'il peut y avoir à chercher du travail dans une entreprise qui utilise de telles techniques. S'ils pensent que les insultes et le rabaissement sont des outils d'entrevue efficaces, quelle est leur philosophie de gestion ? Du pain, de l'eau et de la torture ?

L'entrevue de mise en situation

« Que se passerait-il si tous les autres se déclaraient malades et... ? »

Rien de telle que la terreur engendrée par une question hypothétique, surtout lorsqu'elle sort de l'imagination fertile de l'intervieweur. Nous traiterons ces horreurs plus en détail au chapitre 7. Pour l'instant, sachez seulement que la question hypothétique devrait déclencher un feu rouge clignotant dans votre esprit. Elle est le signe que vous allez connaître un type d'entrevue de plus en plus populaire : l'entrevue de mise en situation.

Les prémisses sont saines. Elles consistent à présenter au candidat des situations qui peuvent, hypothétiquement, survenir au travail, de façon à évaluer dans quelle mesure il possède les qualités qui lui permettront de relever les défis avec succès. Il est difficile, voire impossible, de se préparer d'avance à de telles questions. En effet, celles-ci exigent que vous analysiez sur le champ un problème peu familier et développiez immédiatement une stratégie pour le résoudre.

Ce que la plupart des intervieweurs veulent voir est un mélange d'expérience du monde réel, de créativité inspirée et la volonté de reconnaître le moment où on a besoin d'information ou d'assistance. (Nombre d'intervieweurs posent des questions hypothétiques destinées à débusquer les personnes incapables de demander l'aide d'autres membres de l'équipe.) Ils recherchent quelqu'un qui non seulement *peut* faire le travail, mais *va* aussi le faire, et contribuer ainsi au travail d'équipe comme un membre efficace et motivé.

Mais ce qui est bon pour les intervieweurs est souvent fatal pour vous. Vous devez consacrer beaucoup de réflexion à chacune de ces questions. Si vous êtes pris au piège, restez calme et, pour vous en déprendre, servez-vous de l'inventaire de vos capacités que vous avez dressé au chapitre précédent.

L'entrevue d'embauche

Votre première entrevue avec la personne qui sera éventuellement votre supérieur n'a rien d'une promenade au parc. Vous risquez même d'abandonner le confort de l'expérience et du talent d'intervieweur du professionnel des ressources humaines pour un territoire inconnu.

Et vous pouvez errer là un bon moment.

Pourquoi ? Les intervieweurs expérimentés sont formés pour garder le contrôle de l'entrevue et non pour la laisser aboutir dans un cul-de-sac improductif. On peut très bien prévoir le déroulement des entrevues, même si les intervieweurs n'utilisent pas tous les mêmes techniques.

Par contre, le directeur de l'entreprise ne sait pas tout ce qu'il faut pour engager le bon candidat. Il lui manque les connaissances, l'expérience et les compétences de l'intervieweur. Peu de gestionnaires ont reçu une formation exhaustive en la matière. Pour empirer les choses, la plupart d'entre eux sont encore plus mal à l'aise pendant l'entrevue que le candidat nerveux assis devant eux.

Par exemple, un gestionnaire pourrait décider que vous n'êtes pas le bon candidat pour le poste, sans jamais réaliser que les questions qu'il a posées étaient si ambiguës ou si hors sujet que même le candidat parfait n'aurait pu y répondre correctement. Personne n'évalue la performance de l'intervieweur et le candidat ne peut lire dans les pensées de son interlocuteur. Alors, plus souvent qu'autrement, des candidats pourtant bien qualifiés quittent l'entrevue pour de bon, simplement parce que le gestionnaire a failli à l'entrevue.

Comment déjouer l'intervieweur inapte

Cette situation n'est certes pas souhaitable, mais elle pourrait vous arriver. Vous pouvez – et vous devez – être prêt à bien vous placer les pieds, quoique dise ou fasse la personne qui vous interviewe. Cela commence par savoir les réponses à toutes les questions citées dans ce livre. Mais ça ne s'arrête pas là ! – l'intervieweur peut très bien ne poser aucune de ces questions.

Que faire alors ? Dans les chapitres qui vont suivre, vous apprendrez comment donner l'impression au gestionnaire le plus exigeant que vous êtes la personne la plus qualifiée pour le poste.

Autrement dit, vous marquerez un point d'avance dans la partie, si vous réalisez dès le départ que les gestionnaires qui font des entrevues d'embauche recherchent autre chose que de simples faits sur vos compétences et vos antécédents. Ils attendent que quelque chose de plus fugace les frappe, quelque chose qu'eux-mêmes sont incapables de définir. Ils veulent sentir d'une façon ou d'une autre que vous pouvez bien vous « intégrer » à l'organisation ou au service.

Nous parlons là d'un obstacle de taille ! Mais savoir de quoi il en retourne vous fait déjà gagner la moitié de la bataille. Au lieu d'attendre passivement, en espérant que tout aille bien, vous pouvez aider l'intervieweur inexpérimenté à se concentrer sur la manière dont vos compétences peuvent profiter directement au service ou à l'entreprise, en utilisant des exemples précis.

Une mise en garde toutefois : n'y allez pas trop fort, comme si vous meniez une campagne tambour battant. Vous paraîtriez alors trop zélé et égocentrique et risqueriez de perdre. Contentez-vous d'exposer les faits (votre expertise) tranquillement et avec confiance, et de montrer avec enthousiasme à l'intervieweur comment les pièces du puzzle semblent bien s'emboîter avec le poste offert.

Dans le prochain chapitre – et pour le reste du livre – nous explorerons des centaines de questions auxquelles vous ferez éventuellement face et des réponses qui vous aideront à obtenir l'emploi recherché.

Comment bien jouer ses cartes lors d'une entrevue d'embauche

➲ **Détendez-vous !** L'entrevue n'a rien à voir avec un tribunal. Essayez de vous amuser. Imaginez, par exemple, que l'intervieweur est une étoile du sport, un auteur connu ou une vedette de cinéma que vous avez toujours admirée. (Essayez d'oublier sa bedaine ou sa calvitie naissante). Vous serez encore nerveux mais vous serez capable de vous concentrer sur l'emploi et sur l'entreprise. Croyez-moi, cette tactique fait des merveilles pour nourrir l'intérêt de l'intervieweur à votre égard.

Cela me rappelle un ami qui envisageait d'étudier le droit. Bien qu'il n'ait pas encore pris de décision ferme, il alla passer le test d'admission à la faculté – le LSAT – et obtint une note médiocre. Inébranlable, il s'inscrivit immédiatement pour la reprise de l'examen. Toutefois, avant la date du test, une autre option de carrière se présenta à lui.

Malgré tout, il alla quand même repasser le LSAT... pour l'expérience, sans compter qu'il avait déjà acquitté les frais. Cette fois, il doubla sa note ! Il n'était pas mieux préparé, mais son attitude était différente. En effet, comme la pression était minime cette fois-là, il se détendit et réussit au-delà de ses propres attentes.

➲ **Gardez le sourire, quoi qu'il arrive.** Ne feignez pas avec un large sourire qui se transformera petit à petit en grimace. Gardez simplement un sourire agréable et détendu qui, espérons-le, est le résultat de votre participation à une conversation intéressante. Mettez-vous à la place de l'intervieweur. Qui ne voudrait pas travailler avec une si charmante personne ?

➲ **Soyez enthousiaste** à propos du poste, de vos réalisations et de ce que vous savez de l'entreprise.

⊃ **Soyez honnête.** Ne vous répandez pas en compliments – si vous n'êtes pas spontanément enthousiaste, vous passeriez pour un faux jeton.

⊃ **Regardez souvent l'intervieweur dans les yeux.** Avez-vous déjà connu quelqu'un qui ne vous regardait jamais dans les yeux ? Au bout d'un moment, vous vous êtes certainement demandé ce que cette personne avait à cacher. Vous ne voulez certes pas que votre intervieweur s'imagine quoi que ce soit de semblable à votre sujet. Alors, regardez-le dans les yeux lorsque vous lui serrerez la main, puis souvent pendant l'entrevue. Ne fixez pas votre interlocuteur avec des yeux vitreux. Un contact visuel constant est aussi néfaste qu'aucun contact du tout.

⊃ **Restez positif.** Autrement dit, évitez le plus possible d'employer des mots négatifs. Comme nous le verrons, lorsque nous discuterons des questions portant sur vos emplois antérieurs, vous devez apprendre à être positif en tout. Cela est particulièrement vrai lorsque vous abordez des questions délicates (vos raisons de quitter un emploi, des relations difficiles avec vos supérieurs, etc.).

Voici un bon exercice : enregistrez sur bande les réponses à un certain nombre des questions contenues dans ce livre, puis transcrivez-les sur papier. Combien de formules négatives sont « cachées » dans votre discours ? Effacez-les et remplacez-les par des mots et des phrases positifs. Mémorisez ensuite chaque nouvelle réponse.

⊃ **Ne laissez pas un intervieweur inexpérimenté vous faire trébucher.** Assurez-vous que la confiance et la préparation pour lesquelles vous avez tant travaillé transparaissent – surtout quand un gestionnaire essaie de vous prendre à revers. S'il le faut, votre préparation poussée devrait vous permettre de prendre le dessus lors de l'entrevue, vous laissant ainsi toute latitude pour souligner tout ce que vous pourriez apporter à cet employeur potentiel.

Chapitre 3

Vous n'affrontez pas Goliath !

Robert pense qu'il est un assez bon intervieweur. Il a une liste de 15 questions qu'il pose à chaque candidat ; toujours les mêmes, dans le même ordre tout le temps. Il prend des notes sur leurs réponses et, à l'occasion, demande une question subsidiaire. Il leur donne aussi la chance de poser des questions. Il est amical, plein d'humour et adore son travail. Il le répète à tous les candidats... en détail... pendant des heures. Après, il se demande pourquoi seule une petite portion de ses embauches réussissent.

Je n'ai jamais bien compris l'intervieweur qui pense que raconter l'histoire de sa vie est opportun. Pourquoi certains intervieweurs le font-ils ? En partie par nervosité, en partie par inexpérience, mais surtout parce qu'ils pensent, à tort, qu'ils doivent *vous* vendre l'entreprise plutôt que l'inverse. Il peut arriver que cela *soit* nécessaire, pendant les périodes où le chômage est bas, où quand une surabondance d'emplois particuliers et une rareté de candidats qualifiés l'exigent, ou encore quand un candidat est si intéressant que l'intervieweur sent, peut-être à raison, qu'il doit surenchérir avec une meilleure offre que la concurrence.

Dans la plupart des cas, *vous* devez vous attendre à supporter le fardeau de la conversation pendant que l'intervieweur réfléchit et décide s'il est prêt à acheter ce que vous avez à vendre.

Est-ce à votre avantage de vous retrouver face à monsieur Monologue ? Vous pouvez le penser. Après tout, pendant qu'il divague sur la nouvelle cafétéria, vous n'avez pas à vous inquiéter de ce que vous devez dire ou pas. Nul besoin d'expliquer votre dernier congédiement ou pourquoi vous avez occupé quatre emplois en trois mois. Il suffit de s'asseoir, de se détendre et... d'essayer de rester éveillé.

Je ne crois pourtant pas que monsieur Monologue vous aide en quoi que ce soit. Une personne qui monopolise la conversation ne vous donne pas l'occasion de « déballer votre valise ». Vous voulez certainement éviter de laisser une mauvaise impression, mais je doute que vous vouliez ne laisser aucune impression du tout. Tant que vous suivrez les conseils contenus dans ce livre, surtout ceux de ce chapitre, vous devriez accueillir à bras ouverts l'intervieweur avisé, celui qui pose des questions ouvertes et exploratoires pour trouver *la bonne personne* pour le poste – les questions mêmes dont vous avez besoin pour le convaincre que cette personne : c'est *vous* !

Il était une fois...

 Bon, parlez-moi un peu de vous.

Voilà l'aïeule de toutes les questions d'entrevue d'embauche. Une question qui, étonnamment, fait encore trébucher bien des gens.

De fait, il s'agit plus d'une requête que d'une question. Mais ne vous y trompez pas : elle peut vous mettre sur la sellette comme aucune autre question. Si vous n'êtes pas préparé à un tel prélude aux questions habituelles sur vos habiletés, antécédents et aspirations, cela pourrait vous être fatal et même vous mériter un aller simple vers la sortie.

Pourquoi cette question demeure-t-elle la préférée de tant d'intervieweurs ? Bon nombre considèrent qu'elle est un bon moyen de briser la glace ; qu'elle leur permet de se faire une première idée de la personne devant eux et de commencer à déchiffrer son code secret (c'est-à-dire le vôtre). De plus, elle vous force, au moins pendant quelques minutes, à faire tout le travail !

Cette question prévisible devrait vous surprendre ? Non, certainement pas ! Je peux même vous garantir qu'elle sera la première, sinon l'une des trois premières questions posées en entrevue ! Alors, que se passe-t-il si vous bafouillez et tenez un discours décousu, allant de vos souvenirs de maternelle à votre expérience de supporter de l'équipe de hockey au cégep, dix minutes plus tard ? Vous risquez bien d'égaler le record de l'entrevue la plus courte de la semaine.

L'intervieweur cherche-t-il des indices particuliers (mots-clés, langage corporel) ou, comme je l'ai soupçonné chez plus d'un novice, s'arrange-t-il tout simplement pour faire en sorte que les choses tournent rondement ?

Cela ne devrait pas vous préoccuper. Si vous êtes bien préparé, vous savez que ce peut être l'occasion en or de faire avancer les choses en démontrant les quatre qualités recherchées par tous les intervieweurs : l'intelligence, l'enthousiasme, la confiance en soi et la fiabilité.

Sortez donc l'inventaire personnel que vous avez dressé au premier chapitre (je vous avais averti que c'était un prérequis important pour faire bon usage de ce livre) et étudiez les points que vous avez énumérés sous les rubriques suivantes :

⊃ Mes compétences les plus solides

⊃ Mes domaines de connaissances les plus développés

⊃ Mes traits de personnalité les plus intéressants

⊃ Les choses dans lesquelles j'excelle

⊃ Mes principales réalisations

Que veulent-ils entendre ?

À partir de ces renseignements, vous préparerez un résumé logique de votre expérience, de vos compétences, de vos talents et de votre éducation. Un plus ? Oui, si cette brève introduction lie de façon claire et concise votre expérience aux exigences de l'emploi. Veillez toujours à garder l'œil sur le poste convoité ; écrivez un résumé de 250 à 350 mots, avec plusieurs détails précis. Il ne devrait pas vous falloir plus de deux minutes pour ébaucher une réponse comprenant l'information suivante :

⊃ Une brève introduction

⊃ Vos principales réalisations

⊃ Les forces démontrées par ces réalisations

⊃ L'importance de ces forces et de vos réalisations pour l'employeur éventuel

⊃ Où et comment vous vous voyez évoluer dans le poste en jeu (tempéré par une juste mesure d'autodérision et de modestie)

Au risque de me répéter, nous ne parlons pas ici d'un « roman-fleuve ». Deux cent cinquante à 350 mots suffisent amplement (il ne faudra pas plus de 90 à 120 secondes pour énumérer les éléments).

Feu vert

Voici comment Sophie, récemment diplômée du cégep, a répondu à cette question lors d'une entrevue pour un poste de vendeuse :

« J'ai toujours su bien m'entendre avec différents types de personnes. Je pense que c'est parce que je m'exprime bien et, surtout, que je suis à l'écoute des autres. [Elle se présente avec modestie, alors qu'elle souligne la qualité la plus recherchée pour réussir dans le domaine de la vente.]

« *Durant ma dernière année d'études au secondaire, quand j'ai commencé à penser sérieusement aux carrières qui me conviendraient le mieux, le domaine de la vente m'est venu spontanément à l'esprit. Pendant mes études, j'ai travaillé à temps partiel dans de nombreux magasins de détail. [Elle démontre son assiduité et une certaine expérience dans la vente]. Contrairement à la plupart de mes amis, j'aime travailler avec le public. [Cela indique son enthousiasme pour la vente.]*

« *Cependant, j'ai aussi réalisé que la vente au détail avait ses limites ; alors, je me suis renseignée sur les différents types d'emplois dans le domaine. J'ai été fascinée par ce qu'on appelle la consultation en vente. J'aime l'idée d'aller rencontrer un client, après une bonne préparation, et de lui montrer comment nos produits peuvent régler ses problèmes, et en faire le suivi, par la suite. [Elle démontre de l'intérêt et de l'enthousiasme pour l'emploi.]*

« *Après avoir rédigé un travail de semestre sur la consultation en vente, durant ma dernière année au cégep, j'ai commencé à chercher des entreprises où je pourrais apprendre et améliorer les compétences utilisées par les personnes employées comme chargées de compte. [Elle montre de l'initiative, à la fois en choisissant de faire une recherche dans le domaine de la consultation en vente et en identifiant des entreprises potentielles.]*

« *Cela m'a mené à votre entreprise. Je trouve que la possibilité de travailler avec des entreprises en vue d'améliorer leur rendement énergétique est excitante. J'ai aussi appris des choses sur vos programmes de formation. Il semble que ceux-ci soient le fin du fin dans le domaine. [Elle donne la preuve qu'elle est une personne autonome et enthousiaste.]*

« Je pense que la seule chose qui m'intimide à propos de cet emploi, est la perspective de vendre de l'équipement hautement technique sans avoir de diplôme d'ingénieur. En passant, quelle est la nature du support que votre équipe technique offre à l'équipe de vente ? » [Elle démontre qu'elle est prête à apprendre ce qu'elle ne connaît pas et termine en s'en remettant à l'autorité de l'intervieweur. En posant une question à laquelle l'intervieweur doit répondre, Sophie s'accorde aussi un moment de répit. Maintenant, la balle est dans le camp de l'intervieweur.]

En se basant sur l'apparente sincérité et le détail des réponses de Sophie, ce n'est pas mal du tout pour un discours d'environ 275 mots, n'est-ce pas ?

Voici un autre bon exemple. Fort de plus de dix ans d'expérience dans son domaine, Dominic a posé sa candidature pour l'emploi de ses rêves : directeur régional d'une société offrant des services d'entretien commerciaux et résidentiels.

Lorsqu'il se présente à l'entrevue d'embauche, il sait qu'il a quelques handicaps. D'abord, il a déjà occupé quatre emplois ; il a donc passablement bougé. De plus, il n'a pas encore l'expérience de gestion requise par l'emploi – l'équivalent d'administrer une entreprise ayant des revenus de sept millions de dollars, par année.

Mais, Dominic a prévu ce qui aurait pu être une première question accablante lors de l'entrevue : « Dites-moi quelque chose qui me donnera une meilleure idée de vous que le contenu de votre c.v. » (une variante plus agressive du « Parlez-moi de vous »). Il est donc prêt à se défendre et répond :

« Je suis un travailleur acharné aimant ce genre de commerce. J'ai été un atout pour tous les employeurs que j'ai eus et je le serai encore davantage pour vous, grâce à mon expérience.

« Je pense que nous vivons l'époque la plus extraordinaire que j'aie vue dans ce genre d'affaires.

La concurrence est évidemment plus forte aujourd'hui et il est plus difficile que jamais d'obtenir une aide efficace, mais les indices convergent : de plus en plus d'entreprises vont sous-traiter leurs services d'entretien et de plus en plus de familles à double revenu font appel aux services que nous offrons.

« Comment allons-nous nous tailler une plus grande part du marché ? Comment allons-nous recruter et former les meilleurs effectifs ? (Après tout, les employés sont le secret de notre succès.) Ce sont les défis-clés que les gestionnaires doivent affronter dans ce secteur.

« Je peux aider votre entreprise à relever ces défis. Alors que les curriculum vitae ne montrent pas toujours tout, le mien indique que :

« Que je suis un travailleur acharné. J'ai obtenu des promotions dans toutes les sociétés où j'ai travaillé ;

« je pourrais apporter un point de vue intéressant au poste, car je suis aussi bon exécutant que gestionnaire. Les gens qui ont travaillé pour moi ont toujours respecté mon jugement, parce qu'ils savent que j'ai une très bonne compréhension de ce qu'ils font ;

« j'ai un sens inné des affaires. Je suis également très bon pour contrôler les coûts. Je déploie le personnel de façon efficace. Je suis impartial et j'ai le tour de main pour traiter avec les clients ;

« j'ai toujours admiré votre entreprise. Je dois confesser que j'ai adopté quelques-unes de vos méthodes de travail, les mettant en pratique dans les entreprises où j'ai œuvré ;

« Je vois que vous vous intéressez maintenant à l'entretien des pelouses. J'ai travaillé pour une firme d'aménagement paysager durant les vacances, lorsque j'étais à l'école secondaire. Comment cette affaire se porte-t-elle ? »

Là encore, ce candidat émérite a réussi en seulement 333 mots à :

⊃ *Attirer l'attention de l'intervieweur uniquement sur les aspects positifs de son curriculum vitae.* Oui, Dominic a changé plusieurs fois d'emploi. Pourtant, grâce à cette réponse, l'intervieweur est enclin à penser : « Ça alors ! Voyez tout ce qu'il a réalisé partout où il est passé ! »

⊃ *Orienter l'intervieweur dans la direction que lui, Dominic, désirait.* Il a démontré ces capacités de leadership, son expérience et sa bonne connaissance du marché.

⊃ *Faire preuve d'une juste mesure de modestie.* Tout en attirant au maximum l'attention sur ses nombreuses réalisations et habiletés professionnelles, Dominic s'est décrit lui-même comme un gestionnaire capable de retrousser ses manches et aussi à l'aise avec les ouvriers qu'avec les administrateurs « en complet-cravate » du siège social.

⊃ *Renvoyer la balle à l'intervieweur avec une question très opportune.*

Bien que Sophie et Dominic aient répété leur discours, ni l'un ni l'autre ne l'ont appris par cœur. N'oubliez jamais que l'intervieweur ne vous demande pas une performance sans faille mais plutôt d'échanger avec lui. Dominic a également parsemé son propos de mots empruntés au jargon de l'industrie, ce qui était tout à fait approprié.

 ## Feu rouge

❶ *Manque de contact visuel.* L'intervieweur pose cette question pour « trouver des atomes crochus ». Réagissez donc comme il l'attend.

❷ *Manque de mots et de phrases positifs.* C'est la première question, autrement dit votre chance de partir du bon pied. Utilisez des mots qui traduisent l'enthousiasme, le sens des responsabilités, le dévouement et la réussite. Si la toute première réponse manque d'inspiration (surtout qu'elle doit avoir été préparée et, éventuellement, répétée), il est rare que l'entrevue se passe bien. De nombreux intervieweurs vont simplement tourner la page et passer à un candidat plus prometteur.

❸ *Des réponses générales ou tortueuses qui ne traitent pas ou ne soulignent pas des réalisations précises.* Vous gagnez des points si vous avez été assez futé pour « éditer » – c'est-à-dire rendu pertinent à l'emploi convoité – ce qui, nous le savons tous, est un discours bien répété. De nombreux intervieweurs vous enlèveront des points s'ils n'entendent que des généralités avec peu ou pas de faits précis pour les appuyer.

❹ *Des réponses sans lien avec l'emploi ou l'entreprise.* Certains candidats croient que cette question est une invitation à parler de leurs passe-temps, intérêts, croyances et autres sujets personnels. Certains intervieweurs vous donneront peut-être le bénéfice du doute, mais la plupart vont promptement vous sonder afin de vous faire parler de faits reliés à l'emploi.

❺ *Le manque d'enthousiasme.* Si vous ne semblez pas enthousiaste pendant l'entrevue d'embauche, la plupart des intervieweurs ne penseront pas que vous vous « convertirez », une fois l'emploi obtenu.

❻ *La nervosité.* Certaines personnes sont spontanément nerveuses dans l'atmosphère artificielle et intimidante d'une entrevue d'embauche. La plupart des intervieweurs ne considéreront pas cela comme une raison suffisante pour mettre fin à l'entretien (en demandant, par exemple, à leur secrétaire de les aviser d'une réunion urgente), mais ils s'interrogeront sûrement sur ce que cette nervosité peut cacher : un congédiement, une poursuite pour harcèlement sexuel ou une autre raison qui ne fera pas leur affaire.

❼ *Quelqu'un qui demande de préciser davantage une question.* Par exemple : « Que voulez-vous savoir exactement ? » ou

« De quels domaines particuliers voulez-vous que je discute ?»
Comme je l'ai déjà dit, il m'est difficile de croire qu'une personne
en entrevue d'embauche n'aie pas prévu cette question. Que
croyez-vous que l'intervieweur désire savoir ? Votre opinion sur
les funérailles de Maurice Richard ? Non. Il veut connaître votre
expérience de travail, vos compétences, vos talents et votre
niveau de scolarité. Alors, répondez à la question brièvement
et de façon articulée, et préparez-vous pour la suite.

Variantes

➲ *Qu'avez-vous de particulier ?*

➲ *Quels sont les cinq qualificatifs qui
vous décrivent le mieux ?*

➲ *Évaluez-vous sur une échelle de 1 à 10.*

➲ *Comment décririez-vous votre caractère ?*

Malgré les nuances dans ces questions, vous devriez éditer
votre « canevas » de façon à pouvoir répondre à chacune d'elles
de manière presque identique. Donc, même si la première et la
quatrième questions semblent plus ciblées que les deux autres,
toutes attendent la même information.

➲ *Pourquoi devrais-je vous considérer comme
un candidat sérieux pour cet emploi ?*

➲ *Qu'avez-vous de plus que les autres candidats ?*

➲ *Que pouvez-vous faire pour nous que
personne d'autre ne pourrait faire ?*

Ces questions-ci sont plus agressives, leur ton étant un peu
plus pressant. L'intervieweur qui les pose essaie manifestement de
vous faire comprendre que vous êtes « sur le gril ». Ce peut être une
question de style personnel, une introduction à sa marque d'entrevue
sous pression ou seulement un moyen de sauver du temps en
observant comment vous réagissez à la pression dès le début.

Comment se préparer à la question « qui tue »

⟳ **Complétez votre inventaire personnel.** Si vous n'avez pas rempli les fiches de renseignements du chapitre 1, faites-le maintenant, avant de poursuivre.

⟳ **Résumez votre inventaire en une présentation irrésistible.** Utilisez des faits précis pour brosser un bref portrait verbal de vous. Décrivez-vous comme un professionnel enthousiaste et compétent, autrement dit comme le candidat idéal pour l'emploi.

⟳ **Ne l'apprenez pas par cœur.** Vous voulez avoir l'air naturel et non ressembler à un perroquet. Donc, imprégnez-vous du contenu de votre résumé. Enregistrez votre discours jusqu'à ce qu'il coule spontanément.

⟳ **Utilisez des phrases et des mots forts et positifs.** Vous devez transmettre votre enthousiasme et votre confiance, aussi bien que votre savoir et votre expérience. Vous êtes avide d'apprendre ce que vous ignorez encore.

⟳ **Utilisez votre résumé pour orienter l'entrevue.** Prévoyez que la question « qui tue » surviendra rapidement au cours de l'entrevue. Préparez-vous donc à vous servir de votre résumé pour orienter l'entrevue dans la direction que *vous* voulez qu'elle prenne. Fignolez votre réponse de façon à donner un angle positif à tout facteur potentiellement négatif, comme l'apparence d'une instabilité dans l'emploi ou le manque d'expérience pertinente.

⟳ **Terminez en renvoyant la balle dans le camp de l'intervieweur.** En finissant par une question, vous vous accordez un moment de détente bien mérité et, encore une fois, vous montrez votre intérêt et votre enthousiasme.

D'une certaine façon, je pense que la formulation de la première question vous aide. En effet, l'intervieweur vous demande pratiquement de répondre en associant vos forces, vos réalisations et vos compétences aux exigences connues du poste (telles que présentées dans l'offre d'emploi de l'entreprise). Formulée ainsi, cette question vous indique mieux quelle direction prendre qu'une question plus générale comme « Parlez-moi de vous ».

Elle vous donne aussi l'occasion rêvée d'exposer l'étendue de votre travail de préparation à l'entrevue. Par contre, si vous n'avez fait aucune recherche, vous risquez de vous retrouver dans l'eau bouillante. L'intervieweur, désireux de séparer les personnes qualifiées des autres, vous a tendu un piège en n'utilisant qu'une seule question. Vous pouvez insister, par exemple, sur votre capacité à respecter les délais et exposer des cas particuliers démontrant clairement que vous avez travaillé pratiquement seul dans votre dernier emploi. Par contre, dans le cadre du poste pour lequel vous êtes interviewé, le candidat idéal devra peut-être traiter aux petits oignons une foule de gestionnaires dans le but de recueillir l'information nécessaire à la production de rapports, puis les cajoler de nouveau pour leur faire signer les documents, une fois terminés. Vous aurez donc beau utiliser les mots « ténacité » et « respect des délais », cela ne vous servira à rien : l'intervieweur recherche en effet quelqu'un de très différent, une personne qui sait faire preuve de diplomatie, d'esprit d'équipe, etc. Et, en ce moment, ce n'est pas *vous* !

Parlez-moi encore de vous !

 Quelles sont vos forces comme employé ?

Que veulent-ils entendre ?

Pour vous préparer à cette question (aussi bien qu'aux variantes que nous venons de voir), sortez vos fiches de renseignements (voir chapitre 1) et reportez-vous à la description de l'emploi pour lequel vous passez en entrevue. Clarifiez mentalement chacune des exigences du poste et, cet exercice complété, associez-leur vos forces et vos réalisations.

Supposons que vous êtes particulièrement doué pour respecter les échéances, même les plus déraisonnables. Vous êtes tenace. Rien ne vous arrête. Si « respecter les délais » est une exigence-clé de l'emploi, assurez-vous de citer deux ou trois exemples pertinents, tirés de votre expérience de travail. Plus l'échéance était exorbitante et vos efforts herculéens, plus il est important de les mentionner à l'intervieweur – et deux fois plutôt qu'une.

Y a-t-il des trous dans vos qualifications ? Quelques-uns sans doute, surtout si vous convoitez un poste supérieur à ceux que vous avez occupés dans le passé. Il est temps maintenant de creuser et d'affronter les questions difficiles : celles qui, comme vous le savez, vont immanquablement suivre les précédentes.

 Comment votre meilleur ami (colocataire, professeur préféré, patron favori, parent, famille, etc.) vous décrirait-il ?

Que veulent-ils entendre ?

En ce qui me concerne, je commencerais par la variante du « meilleur ami », si j'interviewais quelqu'un, car c'est, en principe, la personne qui vous connaît le mieux. Donc, si vous ne me présentiez de vous qu'un portrait à la manque, je mettrais fin à l'entrevue dans les dix minutes suivantes. Certains intervieweurs préféreront vous demander de décrire votre meilleur ami et d'expliquer en quoi vous différez l'un de l'autre. Cette dernière approche repose sur la théorie (non vérifiée mais plausible) que si c'est votre « meilleur ami », vous avez certainement beaucoup de choses en commun. Puisque, en principe, vous décrivez votre meilleur ami et non vous, certains intervieweurs pensent qu'inconsciemment vous révélerez peut-être certaines facettes de votre personnalité – comprenez : vos défauts – que vous préféreriez cacher.

Toutes les autres variantes de la question peuvent être utilisées pour examiner certaines périodes particulières de votre vie (école secondaire, cégep, dernier emploi) ou simplement pour obtenir un portrait plus complet de vous. Par exemple, la question : « Que penseraient vos parents de ceci ou de cela ? » est certainement destinée à donner à l'intervieweur une bonne idée du milieu où vous avez grandi.

Retour vers le futur

 Qu'aimeriez-vous faire dans cinq ans ?

Que veulent-ils entendre ?

Les objectifs de l'entreprise et les vôtres sont-ils compatibles ? Recherchez-vous un poste garant d'un avancement rapide ou régulier, alors que l'intervieweur sait fort bien que l'emploi en jeu est sans avenir ? Demandez-vous un salaire plus élevé que ce qu'on ne pourra jamais vous payer ? Comment vos buts et motivations ont-ils évolué avec l'âge et l'expérience professionnelle ? Si vous êtes cadre depuis peu, comment ce changement a-t-il affecté vos perspectives de carrière ? Si vous avez senti le besoin d'acquérir ou de perfectionner une compétence particulière, quand et comment prévoyez-vous le faire ?

Feu vert

Vous désirez bien sûr obtenir un poste de responsabilité dans votre domaine. Vous ne voulez néanmoins pas donner l'impression que vous êtes un requin prêt à avaler n'importe qui dans votre nouveau service pour arriver à ses fins. Commencez donc humblement :

> *« Bien, en bout de ligne, cela dépendra de mon rendement au travail et des possibilités d'avancement offertes par mon employeur. »*

Par la suite, moussez votre image un peu :

> *« J'ai déjà fait preuve de leadership dans tous les emplois que j'ai occupés. Je suis donc confiant d'obtenir de plus grandes responsabilités administratives avec le temps. Cela me convient très bien. J'aime monter une équipe, développer ses objectifs, puis travailler à les réaliser. C'est très gratifiant. »*

Autrement dit, vous en voulez « plus » – plus de responsabilités, plus de gens sous vos ordres, plus de territoire, plus d'argent aussi. Une réponse générale (comme celle ci-dessus) est correcte. Ne soyez cependant pas surpris qu'un intervieweur vous pose des questions subsidiaires après avoir entendu votre réponse. Dans le cas précédent, ce pourrait être : « Parlez-moi de la dernière équipe que vous avez dirigée » ; « Parlez-moi du dernier projet réalisé par votre équipe » ; « Quel a été le poste le plus satisfaisant de votre carrière et pourquoi ? » ; « Si je vous disais que notre croissance est phénoménale et que vous pourriez aller aussi loin que vos talents vous le permettent, où cela vous mènerait-il et à quelle vitesse ? »

Feu rouge

1. Répondre : « *votre emploi* ». C'est trop stéréotypé !

Se cantonner dans les « généralités », refuser d'indiquer des buts précis, quand bien même l'intervieweur essaie d'en savoir plus. Votre réticence ou votre refus de mentionner des objectifs concrets peut donner l'impression (que ce soit la réalité ou non) que votre avenir ne vous intéresse pas vraiment. Cette attitude empêche l'intervieweur d'évaluer si ses buts et les vôtres concordent.

2. Insister sur le fait que, dans cinq ans, vous voulez occuper le même poste que celui pour lequel vous postulez en ce moment (sauf si vous savez que c'est un emploi sans avenir et que l'intervieweur est aux p'tits oiseaux à l'idée que quelqu'un le conserve plus de trois semaines, contrairement aux 14 personnes précédentes !)

3. Toute réponse qui révèle des attentes irréalistes. Tout candidat le moindrement au courant devrait avoir une bonne idée du temps qu'il faut pour gravir les échelons dans une entreprise ou un secteur donné. Quelqu'un qui espérerait passer du poste de réceptionniste à celui de chef de la direction, en deux ans, épouvanterait bien sûr la plupart des intervieweurs. Toute attente le moindrement ambitieuse les fera également hésiter. Ainsi, si un diplômé en droit cherche à devenir associé dans une firme d'avocats en quatre ans – alors que la moyenne générale est de sept ans, et de dix ans pour l'employeur éventuel –, il s'expose à ce que l'on doute de l'étendue et de l'efficacité de sa recherche préparatoire à l'entrevue.

Il n'y a rien de mal à être ambitieux et hyper-confiant, mais l'interviewé le moindrement futé modérera ses attentes effrénées durant l'entrevue. S'il sait que certains candidats réussissent en « brisant les règles », il devrait aussi savoir que la plupart des intervieweurs perdent un peu les pédales face aux ambitions débridées de certains !

Si vous avez inquiété un intervieweur, préoccupé par le fait que son entreprise ne pourra pas répondre à vos attentes, attendez-vous à une question subsidiaire du genre : « Si vous êtes embauché, combien de temps vous faudra-t-il pour contribuer au succès de notre entreprise ?» Même une personne ayant une vaste expérience du monde du travail sait pertinemment que chaque société a sa façon de faire les choses et que la courbe d'apprentissage peut s'étendre sur des jours, des semaines, voire des mois. Alors, tout candidat, surtout une personne jeune et très ambitieuse qui affirme allègrement qu'elle sera productive dès le premier jour, ne peut que susciter de l'inquiétude. En effet, que fait l'intervieweur dans le cas d'une personne inexpérimentée ? Il tente d'évaluer si elle peut être « formée ». Mais, oups !, elle vient de lui dire qu'elle savait tout ! Ce n'est pas un bon départ.

Pour des raisons mal connues, certains candidats oublient qu'il s'agit d'une entrevue d'embauche, non pas d'une conversation anodine entre amis. Résultat : ils débitent des réponses extraordinaires à la limite de la fantaisie (prendre ma retraite, posséder ma propre entreprise, etc.). Pourquoi ces gens pensent-ils avoir bien répondu ? Je l'ignore, mais j'aurais tendance à dissuader quiconque de répondre ainsi à cette question.

Variantes

⊃ *Quels sont vos objectifs à long terme les plus importants ?*

⊃ *Vous êtes-vous donné de nouveaux objectifs récemment ?*

Ces questions vous permettent de montrer comment vos objectifs et vos motivations ont évolué avec l'âge et l'expérience de travail. Si vous êtes gestionnaire depuis peu, parlez de la manière dont cette promotion a modifié vos perspectives de carrière. Si vous avez réalisé que vous devez affiner une compétence particulière pour continuer à évoluer, dites à l'intervieweur ce que vous faites à ce propos.

Allô, allô... docteur Freud ?

Q: Si vous pouviez changer un élément de votre personnalité, simplement en claquant des doigts, que serait-ce et pourquoi ?

Que veulent-ils entendre ?

Un candidat futé choisira un trait de personnalité déjà connu, comme une faiblesse (non gênante pour son travail bien sûr), et concoctera une réponse brève démontrant sa sensibilité et sa motivation :

> *« Bien, j'ai éprouvé des problèmes de procrastination quand j'étais au cégep. Mais j'y ai remédié assez vite, car travailler fort la nuit précédant chaque période d'examens me rendait fou.*
>
> *« Je dois avouer que j'ai encore parfois tendance à me laisser aller à la procrastination. [Vous pouvez faire un sourire contrit ici.] J'aimerais ne plus jamais sentir le besoin de remettre les choses à plus tard, car j'en connais les conséquences. »*

 Feu rouge

Indiquer une faiblesse liée à l'emploi ou, pire, nuisible à l'emploi en vue (par exemple, l'incapacité de travailler avec les autres, alors que le poste souhaité repose sur le travail d'équipe).

Citer une faiblesse si élémentaire ou simpliste que l'intervieweur ne pourra que se demander si c'est vraiment la chose (il avait bien dit *une* chose) la plus importante que vous puissiez changer.

Variantes

⊃ *Parlez-moi de ce dont vous êtes
le plus fier dans votre vie.*

⊃ *Parlez-moi de la pire décision que
vous ayez jamais prise.*

La première question est une question positive à laquelle vous pouvez répondre de façon positive ; vous êtes en terrain facile. La deuxième vous oblige à répondre positivement à quelque chose de négatif. Or, toute question négative est un bourbier potentiel, car elle peut amener une personne le moindrement imprudente à se lancer dans un flot de récriminations (« Travailler avec le dernier des abrutis, j'vous dis pas ! »).

Dans les deux cas, l'intervieweur vous invite à parler, mais pas « à sens unique » ni aussi ouvertement qu'avec les questions précédentes. Il peut s'agir là de questions subsidiaires destinées à combler les trous qu'a pu laisser votre réponse à son « Parlez-moi de vous » (ou autre question semblable). Vous devriez donc les considérer comme le signe que vous n'avez pas encore dit à l'intervieweur ce qu'il voulait entendre.

Dictateur ou cerbère ?

 Décrivez-moi votre philosophie de gestion.

Que veulent-ils entendre ?

La plupart des entreprises veulent une personne capable de démontrer une volonté et une capacité de déléguer, d'enseigner et de distribuer le travail (et le mérite) de façon équitable (sauf, bien sûr, si l'intervieweur est un autocrate à la recherche de son double). En règle générale, vous ne voulez passer ni pour un dictateur ni pour un cerbère. Les bons candidats doivent laisser transparaître qu'ils peuvent réussir si l'occasion se présente. Néanmoins, tous doivent absolument éviter de donner l'impression qu'ils sont des bourreaux de travail sanguinaires qui ne reculent devant rien ni personne pour parvenir à leurs fins.

 Feu vert

« Je crois plus que tout que gérer consiste à faire exécuter les tâches par d'autres personnes. Le travail du gestionnaire est de fournir les ressources et l'environnement qui permettront aux gens de travailler efficacement. J'essaie de faire cela en formant des équipes, en ne jugeant les gens que sur leur rendement, en distribuant le travail équitablement et en habilitant les travailleurs à prendre leurs propres décisions chaque fois que cela est possible. J'ai constaté que cette approche engendre la loyauté et favorise l'effort dans le travail. »

Feu rouge

Une de ces réponses plan-plan que j'ai moi-même entendues lors d'entrevues :

« J'essaie de me faire aimer des gens et, après, ils travaillent très fort pour moi. »

« Je suppose que vous pourriez dire que je suis une personne orientée vers les autres. »

Qu'en dit monsieur Larousse ?

Q: **Que signifie le « succès » pour vous ?**

Que veulent-ils entendre ?

Vous devriez donner une réponse équilibrée contenant aussi bien des exemples personnels que professionnels. Si vos succès sont exclusivement liés à votre travail, un interviewer ne pourra que se demander si vous avez une vie personnelle. Par contre, si vous déblatérez sur vos buts et accomplissements personnels, vous aurez l'air d'accorder peu d'importance aux efforts nécessaires pour réussir au travail.

Feu vert

Visez l'équilibre et parlez du succès en des termes semblables :

> *« J'ai toujours aimé superviser des équipes de concepteurs. De fait, j'ai découvert que je travaille mieux avec d'autres créateurs que seul. Contrairement à bon nombre de mes confrères, je suis aussi capable de comprendre les besoins du service de la fabrication.*
>
> *« Pour moi, le succès signifie donc : travailler avec d'autres pour concevoir de bons modèles capables d'être mis en production rapidement. Bien sûr, les compensations financières que m'apporte la gestion d'un service me donnent les moyens de voyager durant mes vacances. C'est ce que j'apprécie le plus dans ma vie privée. »*

Feu rouge

Si l'intervieweur décèle un des problèmes suivants dans votre réponse, attention à l'omelette, car vous marchez sur des œufs :

⊃ Incompatibilité entre ses objectifs et les vôtres

⊃ Réponse mal articulée

⊃ Réponse trop générale, sans exemples concrets de réussites vécues

⊃ Trop d'exemples personnels

⊃ Trop d'exemples liés au travail

Q: Que signifie « l'échec » pour vous ?

Que veulent-ils entendre ?

Citez un exemple précis montrant ce que vous entendez par « échec ». Ne vous lancez surtout pas dans un interminable exposé philosophique, plus approprié à un film de Rohmer qu'à une entrevue d'embauche. Cette question permet à l'intervieweur expérimenté d'en apprendre plus sur vos erreurs et vos mauvaises décisions, un sujet peu joyeux pour ce qui vous concerne. Que cherche-t-il ? L'honnêteté ; une analyse claire de ce qui a mal tourné ; la volonté d'admettre votre responsabilité (un petit plus, s'il appert que vous acceptez le blâme pour des événements hors de votre contrôle). Il cherche aussi des indices sur votre détermination à changer les choses qui ont provoqué l'échec (ou des exemples montrant comment vous les avez réglées).

 Feu vert

« Échouer, pour moi, signifie ne pas faire le travail quand j'ai pourtant tous les moyens à ma disposition pour le faire. Un exemple ? Une fois, j'ai eu à m'occuper d'un très très gros projet. J'aurais dû m'apercevoir dès le début que je manquais de temps, mais je devais certainement avoir la tête ailleurs et penser qu'il y avait 48 heures dans une journée ! Je n'avais pas non plus toutes les connaissances nécessaires pour mener ce projet à terme. Au lieu de demander l'aide de mes collègues, j'ai foncé en commettant bourdes sur bourdes. Bref, cela ne m'arrivera plus jamais si je peux l'empêcher. »

Feu rouge

Une réponse vague et insipide qui force l'intervieweur à poser plus de questions subsidiaires pour parvenir à mettre le doigt sur ce qui vous embête.

N'oubliez jamais pourquoi l'intervieweur vous pose des questions aussi ouvertes : il veut vous faire parler, dans l'espoir que vous en révélerez plus que s'il vous avait posé une question plus spécifique. Alors, répondez clairement, succinctement et explicitement, tout en évitant la tentation de « confesser » tous vos péchés.

Astuces pour convaincre l'intervieweur que vous êtes le bon candidat

➲ **Faites vos devoirs.** Trouvez tout ce que vous pouvez sur l'entreprise et sur la façon dont le poste que vous convoitez contribue à l'atteinte de ses objectifs.

➲ **Montrez votre expérience et votre confiance.** Donnez des réponses fermes et utilisez des exemples concrets, correspondant au poste désiré.

➲ **Soyez modeste.** Transmettez l'impression que vous avez la capacité de réussir, si l'occasion se présente ; mais évitez de donner l'impression que vous êtes un bourreau de travail sanguinaire, prêt à réussir à tout prix ou au dépend des autres.

➲ **Soyez ferme sans être autoritaire.** Quand vous parlez de votre philosophie de gestion, faites comprendre à l'intervieweur que vous êtes capable de déléguer tout en suivant les progrès de chacun.

➲ **Parlez d'évolution.** Dites à l'intervieweur comment chacun de vos emplois vous a permis d'évoluer et comment vos projets de carrière en ont été favorisés.

➲ **Admettez vos échecs.** Concentrez-vous sur ce que vous avez appris de vos échecs passés et donnez des exemples montrant comment ils vous ont transformé.

➲ **Étalez vos réussites.** Assurez-vous de vous présenter comme un professionnel ayant une vie privée satisfaisante.

Chapitre 4

Pourquoi une majeure en astrophysique et une mineure en théâtre ?

C ette vérité demeure : plus vous avez d'expérience de travail, moins les gens s'intéressent à ce que vous faisiez au cégep ou à l'université et ce, quel que soit le prestige de l'établissement que vous fréquentiez. Aussi importants aient été vos cours ou votre position dans les activités parascolaires il y 10 ans, aucune de vos réussites d'alors ne saurait remplacer une solide expérience de travail.

Cependant, si votre diplôme est si récent que l'encre n'a pas encore eu le temps de sécher et que votre seul emploi d'été a été un petit boulot de pompiste, alors les questions de ce chapitre sont pour vous. En effet, que doit faire le candidat peu expérimenté face à ce dilemme immémorial : pour obtenir un emploi, il faut de l'expérience, mais comment acquérir de l'expérience si on n'a pas de travail ?

C'est donc le retour obligatoire au cours *La pensée créative 101*. Dans votre curriculum vitae et lors de vos entrevues, vous devez essayer de « rehausser » votre expérience – aussi ténue soit-elle – tout en évitant la tentation de transformer faussement un emploi d'été à l'épicerie ou à la piscine du coin en quelque chose qui ressemblerait à un poste de vice-présidence dans une grande société.

Comment y parvenir ? En vous concentrant sur ce que l'intervieweur veut entendre et en vous assurant que vous lui livrez la marchandise. Vous allez vous présenter comme une personne équilibrée qui, outre de bonnes notes en classe, a démontré des aptitudes sérieuses en termes de leadership, d'esprit d'équipe, de communication écrite et orale, aussi bien dans ses activités parascolaires que dans ses stages et (ou) ses expériences de travail à temps partiel. Si vous n'avez fait partie d'aucune association ou équipe sportive étudiante, parlez-lui des autres activités que vous avez pratiquées au cégep ou à l'université. Avez-vous travaillé à temps partiel ? Avez-vous donné des cours à d'autres étudiants ? Avez-vous effectué des travaux (communautaires ou autres) qui vous donnaient droit à des crédits supplémentaires?

Ne vous contentez pas, dans votre c.v., d'indiquer que vous avez obtenu un D.E.C. ou une majeure et une mineure dans tel et tel domaines. Décrivez aussi les cours suivis qui sont pertinents au poste convoité. Un candidat réellement avisé s'assurera d'adapter le plus possible son curriculum vitae aux exigences de l'emploi postulé.

Ce que vous avez fait – peu importe ce que c'est – devrait démontrer un minimum de liens avec l'emploi pour lequel vous êtes en entrevue. Ce que vous avez fait pendant vos vacances d'été n'a aucun intérêt, sauf s'il s'agit d'un stage ou d'un travail pertinent pour votre éventuelle carrière. Vous avez *choisi* un domaine d'études, des activités et des cours particuliers, et la plupart des intervieweurs voudront savoir *pourquoi* vous avez fait *ces* choix. Vos raisons leur révéleront la *vraie nature* de vos intérêts… quels que soient les « grands objectifs » que vous avez inscrits dans votre c.v.

Allons au club

 À quelles activités parascolaires avez-vous participé ?

Que veulent-ils entendre ?

La plupart des intervieweurs recherchent un candidat capable de démontrer qu'il est une fourmi et non une cigale. Ils attendent de l'enthousiasme, de la confiance en soi, du dynamisme, de la fiabilité et de l'honnêteté. Ils veulent une personne capable de régler des problèmes. Quelqu'un qui a l'esprit d'équipe. Quelqu'un qui est prêt à travailler fort pour atteindre des buts difficiles mais louables.

Feu vert

Il est bon d'énumérer des activités liées de plus ou moins près à l'emploi ou le secteur recherché. Par exemple : un éditeur d'un journal étudiant qui postule un emploi dans le domaine de l'édition.

Vous pouvez également mentionner des activités soulignant un bon équilibre de vie. Vous êtes probablement un candidat idéal pour un large éventail d'emplois si, pendant vos études, vous étiez, à la fois, membre d'une équipe sportive, d'une association culturelle (club d'échecs, cercle de théâtre, etc.) et d'un mouvement politique, *tout en ayant* un emploi à temps partiel. À l'opposé, un candidat dont le seul intérêt était un sport ou une cause particulière a moins de chance de trouver rapidement un emploi, peu importe ses réussites.

Vous partez aussi du bon pied, si vous pouvez démontrer à la fois votre capacité de mener de concert plusieurs activités (études et emploi à temps partiel compris) et votre maîtrise de la gestion du temps. Voici un exemple de bonne réponse :

> *« J'aurais aimé avoir plus de temps pour écrire dans le journal de l'école, mais quand je n'étudiais pas, je travaillais pour payer mes études. J'ai par contre appris un certain nombre de choses dans mes différents petits boulots ; des choses que la plupart des gens n'apprennent qu'au bout d'un certain temps dans leur profession : comment travailler avec les autres et comment gérer mon temps efficacement. »*

Feu rouge

Si vous avez consacré beaucoup trop de temps à vos activités extérieures et pas assez à vos études (comme en témoignent vos résultats scolaires). Toute moyenne inférieure à B suscitera une série de questions subsidiaires qui vous forceront à expliquer le « pourquoi » de ces résultats.

Si vous avez apparemment essayé toutes les activités au moins une fois sans montrer d'intérêt marqué pour aucune, la plupart des intervieweurs présumeront que vous ne changerez pas lorsque vous serez sur le marché du travail.

Ne pensez jamais qu'une blague est une bonne réponse : « Oh ! vous savez, je n'ai rien fait d'autre que boire de la bière, les fins de semaine ! » J'ai beau avoir un sens de l'humour supérieur à la moyenne, une entrevue d'embauche n'est ni le temps ni le lieu pour jouer au fin finaud et répéter un numéro d'humoriste. Même si vous êtes drôle, la plupart des intervieweurs ne pourront que s'interroger sur votre bon sens commun.

Variantes

⊃ *Qu'est-ce qui vous a fait choisir ces activités ?*

⊃ *Pourquoi ?*

⊃ *Lesquelles avez-vous le moins aimées ? Pourquoi ?*

⊃ *Lesquelles regrettez-vous de ne pas avoir choisies ? Pourquoi ?*

L'intervieweur qui pose de telles questions, essaie tout simplement de cerner votre manière de penser, de comprendre comment vous faites vos choix et prenez des décisions et de voir si vous êtes flexible ou rigide face à ces choix.

À quoi pensiez-vous alors ?

 Pourquoi avez-vous choisi cette matière principale ? Pourquoi avez-vous choisi cette matière secondaire ? Quels étaient vos cours préférés ? Lesquels avez-vous le moins aimés ?

Que veulent-ils entendre ?

Certains intervieweurs remplaceront peut-être le vague « Bon, parlez-moi de vous » par cette série de questions. Votre expérience d'étudiant(e) donne probablement une bonne évaluation de ce que vous êtes.

Si vous vous êtes spécialisé dans les arts libéraux, parlez des habiletés que vous avez développées dans certains de vos cours : rédaction, recherche et analyse documentaire, art oratoire, langues et communication. Si vos études étaient plus au moins reliées à l'emploi que vous postulez, insistez uniquement sur les cours se rapportant à cette carrière.

Ne vous sentez pas dévalorisé si vous vous êtes spécialisé dans un domaine non technique ou non professionnel. La plupart des intervieweurs, même ceux qui offrent des emplois plutôt techniques, s'attendent à passer un temps considérable à expliquer à une foule de diplômés en histoire et en littérature comment leurs études les ont préparés à une carrière dans la vente, le marketing, la gestion et la haute direction.

À quoi pensiez-vous ? Avez-vous choisi cette spécialisation parce que c'était la plus facile ? Parce qu'elle était conforme à d'autres intérêts (tels que manifestés par vos activités bénévoles ou autres ou par vos emplois d'étudiant) ? Parce qu'après avoir analysé le marché, vous avez décidé de suivre des cours préparatoires à une carrière ou un secteur précis ? Ou bien, est-ce le hasard qui a fait les choses ?

Quelles autres spécialisations et options secondaires avez-vous envisagées ? Pourquoi en avoir choisi une plutôt qu'une autre ?

Si vous passez une entrevue pour un emploi hautement technique – ingénieur, chercheur, programmeur ou autre –, l'intervieweur est en droit de s'attendre à ce que vous ayez un diplôme en génie, en chimie ou en informatique et que votre spécialisation, et même vos cours complémentaires, soient reliés à cet emploi. (Le cas de mon ami Andy, qui a obtenu une majeure en astrophysique et une mineure en théâtre au M.I.T. (*Massachusetts Institute of Technology*), est plutôt exceptionnel.) Vous gagnerez aussi des points si vous avez démontré un intérêt particulier pour la chimie, les ordinateurs ou le génie mécanique dès l'école secondaire.

Feu vert

Parlez des habiletés que vous avez acquises, surtout dans les cours que vous n'aimiez pas ou que vous ne vouliez pas prendre. J'aime les candidats qui disent avoir bien réussi dans un cours qui ne les intéressait pas particulièrement. J'ai l'impression de passer un temps considérable à faire des choses qui me déplaisent, mais je dois quand même les faire au mieux de mes possibilités. Quand j'interviewe des gens, je vous assure que je recherche des personnes avec une attitude similaire.

Quand vous parlez de cours particuliers, donnez des réponses axées sur le sujet du cours, *pas* sur la charge de travail ou la personnalité du professeur. Parler de problèmes passés avec une figure d'autorité peut entacher votre candidature. De plus, se plaindre d'une trop grande charge de travail n'est pas le meilleur moyen d'impressionner un patron éventuel.

Les intervieweurs n'apprécient pas beaucoup les nouveaux diplômés qui s'attendent à commencer à un salaire supérieur au leur. Reconnaissez alors que vous êtes très conscient que malgré la très haute distinction de vos résultats, vous avez sans doute moins de connaissances professionnelles que l'employé senior du service du courrier. La modestie est parfois un trait recherché, surtout lorsqu'elle est souhaitable : « Je sais que ce poste a sa part d'obligations déplaisantes, mais je suis sûr que chacun de mes prédécesseurs a appris beaucoup à les faire. »

Feu rouge

Blâmer un professeur, même par la bande, pour une mauvaise note ou une mauvaise expérience, donnera à réfléchir à plusieurs intervieweurs. Avez-vous un problème avec les figures d'autorité ?

Se plaindre à propos de la charge de travail d'un cours, d'un semestre ou d'une année. Les intervieweurs recherchent des personnes travaillantes, pas des paresseux.

Nombre d'intervieweurs, dont moi, se fendent en quatre pour décrire avec force les pires aspects, voire les plus abrutissants, du travail. Un candidat sérieux ne s'avisera pas de réagir négativement (pas même un froncement de sourcils), lorsque les détails rebutants du travail lui seront exposés !

Variantes

⊃ *Pourquoi avez-vous changé de spécialisation ? d'option complémentaire ?*

Abandonné ce cours ? ajouté ce cours ?

Que veulent-ils entendre ?

Là encore, les intervieweurs veulent connaître votre mode de pensée ! Le changement sera probablement considéré comme positif, si vous l'expliquez et le justifiez bien, mais pas si vous donnez l'impression d'avoir troqué une spécialisation difficile pour une autre plus facile, pour être plus souvent dans la même classe que l'élu(e) de votre cœur ou toute autre raison aussi futile.

Si vous avez changé de spécialisation plus d'une fois, vous devrez être prêt à admettre que vous n'aviez pas toutes les données en main pour faire le bon choix à 19 ans. (Ne vous en faites pas, les intervieweurs ne les avaient pas non plus au même âge !) Je suppute que nombre de responsables de l'embauche apprécieraient la fraîcheur et le réalisme d'une telle sincérité. Après tout, combien de finissants du secondaire savent qu'ils deviendront (ou voudraient devenir) comptable, administrateur d'hôpital, contremaître de quai ou, encore, intervieweur dans un service de ressources humaines ? Toutefois, vous devez être prêt à montrer comment vos autres études ont contribué à faire de vous le meilleur candidat pour le poste.

Pourquoi postulez-vous un emploi dans un domaine différent de votre spécialisation ?

Que veulent-ils entendre ?

La vie ne se déroule pas toujours comme prévu. Les changements d'orientation sont courants pendant la jeunesse et ils sont déjà assez difficiles à vivre sans avoir, en plus, à être cuisinés. Malgré tout, quand un intervieweur vous pose une question sur un de vos changements de cap majeurs, vous devez répondre.

Si vous postulez un emploi dans la vente au détail, alors que vous détenez un diplôme en géologie, il y a bien des chances que cette question vous soit posée. Et sachez que vous n'êtes pas le premier ; cet employeur en a vu d'autres comme vous. Sur le marché du travail actuel, les changements de carrière sont courants. Votre orientation vers un domaine différent de celui dans lequel vous avez étudié n'a donc rien d'unique.

Qu'allez-vous faire ? Vous savez que vous avez suffisamment piqué l'intérêt de l'employeur pour être convoqué à une entrevue, vrai ? Alors, détendez-vous et répondez à la question. Soyez bref et positif. Vous avez repensé vos plans de carrière. Vous aimez le contact avec le public, la nature compétitive de la vente et la diversité des responsabilités de gestion dans le domaine. Vous avez donc décidé d'exercer cette profession. Par ailleurs, vous pouvez ajouter (d'un air un peu penaud, si vous le voulez) qu'il n'y avait que 42 nouveaux postes en géologie cette année et que vous n'en avez obtenu aucun !

Il peut ensuite être judicieux de vous arrêter et de demander : « Ai-je répondu à votre question ? » Donnez à l'intervieweur la possibilité d'exprimer ses préoccupations à propos de vos qualifications. S'il vous interroge là-dessus, soyez prêt à expliquer comment les habiletés exigées dans votre domaine d'études peuvent s'appliquer au domaine où vous cherchez de l'emploi. Vous pouvez utiliser la même stratégie avec votre expérience antérieure de travail. Un géologue doit-il apprendre des choses particulières ou acquérir des compétences spéciales qui peuvent être transposées directement à la gestion de la vente au détail ? Je l'ignore. Une chose est certaine : *vous* seriez mieux d'être prêt à en parler.

On considère en général que les personnes qui étudient des matières plus « ésotériques » que la moyenne n'ont pas la formation technique requise pour certains emplois précis. Cela *ne* signifie *pas* que les intervieweurs ne tenteront pas de vous cuisiner pour savoir comment vos connaissances pourraient être avantageuses pour eux et pour l'entreprise, d'autant plus qu'aujourd'hui, de plus en plus de gens changent d'emploi, de carrière et même de secteur.

Q: Si vous commenciez des études demain, quels cours choisiriez-vous ?

Que veulent-ils entendre ?

Soyez prêt à expliquer en détail les changements de choix de cours qui auraient faits de vous un meilleur candidat pour ce poste. Auriez-vous dû suivre plus de cours de marketing ? un cours de comptabilité ? un séminaire portant sur la statistique ? N'ayez pas peur d'avouer, en même temps, qu'il vous a fallu un bon moment pour identifier le bon parcours d'études.

Un peu de candeur ne peut pas nuire, mais ne faites cependant pas une dissertation sur vos changements de spécialisation, d'options complémentaires et de couleur de cheveux.

Feu vert

Considérez cette question comme une bonne occasion d'expliquer comment les cours qui ne sont en rien reliés à l'emploi postulé ni à aucune carrière réelle, ont été d'une grande utilité pour votre évolution personnelle.

Feu rouge

Ne clamez pas que vous auriez été à l'école pour avoir plus de rendez-vous galants.

Ne répondez pas : « Les mêmes cours, mais cette fois-ci, j'aurais la note de passage. »

Ne répondez pas d'une manière qui sous-entend clairement que vous ne comprenez pas le but de la question. Vous avez eu l'occasion de montrer que vous comprenez ce que l'emploi implique. Comprenant ceci, il serait mal venu de déclarer que vous auriez pris des cours plus pertinents et laissé tomber ce cours sur la littérature chinoise du XVIIe siècle comme une baguette brûlante.

Comment j'ai passé mes vacances d'été

Q: **Qu'avez-vous appris lors des stages mentionnés dans votre curriculum vitae ?**

Que veulent-ils entendre ?

Aucun employeur ne croit vraiment que vous serez efficace dès la fin de vos études. Vous ne deviendrez productif qu'après une bonne formation et un minimum d'expérience de travail. Donc, en tant que candidat relativement inexpérimenté, vous pouvez vous attendre à ce que l'intervieweur sonde un peu le terrain pour déterminer dans quelle mesure vous êtes susceptible de recevoir une formation appropriée.

Soulignez comment votre stage pratique a complété votre formation scolaire, mais ne prétendez jamais avoir appris « tous les mystères de la vie » à l'école. Aucun intervieweur ne réagira favorablement à quelqu'un qui prétend tout connaître.

Feu vert

Capacité de montrer comment votre expérience pratique de stage a complété votre formation scolaire.

Parvenir à lier vos stages directement à votre nouvel emploi ou à votre nouvelle carrière.

Réponses réfléchies démontrant des préoccupations de carrière cohérentes.

Bonnes recommandations de la part de vos superviseurs de stages.

Feu rouge

Croire hors de tout doute – et pire, le dire à l'intervieweur – que l'école est l'endroit où vous avez appris tous « les mystères de la vie ».

Aucun stage dans un domaine où ils sont pourtant obligatoires.

Avoir effectué un ou des stages dans un domaine différent de l'emploi postulé. (Ceci est particulièrement vrai si ces stages sont en conformité avec vos cours et (ou) activités, ce qui indique que vos intérêts réels sont ailleurs.)

Une mauvaise recommandation, ou pas de recommandation du tout de votre superviseur de stage, ou une réaction négative de votre part sur sa valeur. (Même si votre stage vous a permis d'évaluer uniquement votre habileté à faire du bon café, il ne faut jamais au grand jamais introduire un tel facteur négatif dans une entrevue d'embauche.)

Variantes

➲ *Pourquoi n'y a-t-il pas de stage(s) dans votre curriculum vitae ?*

➲ *Recommenceriez-vous chacun de vos stages ?*

➲ *Pourquoi avez-vous choisi ces stages en particulier ?*

➲ *Pourquoi avez-vous ressenti le besoin de faire un stage ?*

Les mauvaises notes ne disparaissent jamais vraiment

 Dans quels cours avez-vous obtenu les plus mauvaises notes ? Pourquoi ? Pensez-vous que cela affectera votre travail? Si oui, comment ?

Que veulent-ils entendre ?

Si vous n'avez pas d'expérience de travail, de nombreux employeurs voudront voir vos résultats scolaires. Alors, aussi bien tout déballer tout de suite !

Si vous avez échoué tous vos cours de comptabilité, vous ne postulez certainement pas un emploi de comptable, n'est-ce pas ?

Avec un peu de chance, vous pouvez dire que vous avez eu de mauvaises notes dans certains de vos cours optionnels parce que vous consacriez temps et énergie à vos cours de concentration.

Les intervieweurs s'attendent-ils à ce que tous les interviewés aient été des étudiants avec une moyenne parfaite ? Si tel n'est pas le cas, pensent-ils que les candidats auront alors un mal fou à répondre à cette question ? Non, pas pour moi en tout cas. La réponse à la première partie de la question est donc moins importante que l'explication et la façon dont vous vous débrouillez pour présenter ce facteur négatif : « Oui, j'ai coulé le cours d'analyse statistique, mais celui-ci ne faisait pas partie de ma spécialisation et, pour autant que je sache, n'a rien à voir avec l'emploi offert. »

Feu vert

Si vous ne pouvez pas répondre à la question parce que vous n'avez jamais eu de mauvaises notes !

Si vous expliquez de façon satisfaisante une ou deux mauvaises notes. Si vous avez obtenu un mauvais résultat dans un cours complémentaire, blâmez le temps supplémentaire que vous avez passé sur vos travaux de concentration (que vous avez réussis haut la main, bien sûr). Si vous n'avez échoué qu'un seul de vos cours de spécialisation, la faute repose peut-être sur vos activités parascolaires et vous avez une bonne explication sur les raisons pour lesquelles vous avez accordé la priorité à ces activités plutôt qu'à l'obtention de bonnes notes.

Feu rouge

Si vous avez obtenu trop de « C » et de « D » pour les compter.

Si vous n'avez aucune explication valable, ce qui peut laisser l'intervieweur penser que vos notes n'avaient aucune importance pour vous ou que vous n'êtes pas très intelligent.

Si vous avez fait un choix susceptible de mettre en doute votre sagesse dans l'esprit de la majorité des intervieweurs. Même si vous avez trouvé excitant et formateur de contribuer à l'élection de votre ami à la présidence de l'association étudiante, l'accumulation de mauvaises notes a-t-elle été un échange valable ?

Variantes

⊃ Les notes sont-elles une bonne mesure de la compétence ?

⊃ Pourquoi n'avez-vous pas obtenu de meilleures notes ?

⊃ Pourquoi vos notes sont-elles si irrégulières ?

⊃ Que s'est-il passé au cours de ce semestre (de cette année) pour que vos notes soient si faibles ?

Que veulent-ils entendre ?

Si vous avez obtenu de très bonnes notes, vous pouvez en être fier. Si elles n'étaient pas fameuses, vous avez peut-être des circonstances atténuantes : le travail, une occasion spéciale, une crise familiale ou autre. Néanmoins, la plupart des intervieweurs considéreront comme un gros feu rouge toute tentative de votre part de refuser d'endosser la responsabilité de vos échecs ou d'une performance médiocre. Quoique vous fassiez, ne soyez pas sur la défensive. Un tel comportement amènera un grand nombre d'intervieweurs à se demander si vous avez vraiment fait un choix ou si vous avez tout simplement agi sans penser aux conséquences.

Conseils à l'intention des nouveaux diplômés

⊃ **N'ayez pas peur de demander de l'aide** ; assurez-vous que l'intervieweur sache que vous n'hésiterez pas à demander de l'assistance si vous en avez vraiment besoin. Peu d'employeurs recherchent – ou pensent trouver – une personne de 22 ans qui sait tout. Si vous êtes de celles-là, gardez-le pour vous.

⊃ **Admettez que vous n'avez pas toutes les réponses,** ou commencez beaucoup de vos réponses par : « Je crois que... » ou « D'après ce que je sais de cette industrie... »

⊃ **Ne faites pas la fine bouche à l'idée de commencer au bas de l'échelle.** Dites à l'intervieweur : « Je sais bien que ce poste comporte sa part de tâches désagréables, mais je suis persuadé que tous mes prédécesseurs ont appris beaucoup de choses en les accomplissant. »

Nombre d'intervieweurs, dont moi, se fendent en quatre pour décrire avec force les pires aspects, voire les plus abrutissants, du travail. Ne vous laissez pas aller à réagir négativement (pas même un froncement de sourcils), lorsque les détails rebutants du travail vous sont exposés !

⊃ **S'il vous a fallu du temps pour trouver votre voie, admettez-le.** Personne n'a toutes les réponses à 18 ou 19 ans. Combien de gens savaient, dès le début, qu'ils voulaient devenir comptable ou administrateur d'hôpital ? La plupart des intervieweurs ne seront pas étonnés que vous ayez changé de concentration au cégep ou au premier cycle universitaire. Montrez comment vos autres études ont fait de vous le meilleur candidat pour le poste.

➲ **Ne répondez à aucune question concernant la personne qui a payé vos études ou à propos de tout prêt étudiant encore impayé.** Si vous le souhaitez, répondez en soulignant le fait que vous avez reçu une bourse d'étude complète ou que vous avez été assez vaillant pour étudier et travailler en même temps. Mais, d'après la loi, vous n'avez pas à en dire plus. Pour en savoir plus sur la manière de reconnaître et de déjouer les questions illégales, reportez-vous au chapitre 9.

Chapitre 5

L'école ? Parlez-moi plutôt de votre expérience de travail !

Vous ne serez pas autrement surpris si la plupart des questions de l'entrevue d'embauche tournent autour de votre expérience de travail antérieure. Qu'avez-vous fait depuis que vous avez quitté votre *alma mater* il y a 10 ans ou 10 jours ? Nombre d'employeurs croient que votre passé est le « prologue » de votre futur rendement au travail et que si vous avez une tare, elle est certainement sortie du placard depuis !

Préparez-vous donc à être cuisiné sur tous les emplois que vous avez occupés, surtout ceux des deux ou trois dernières années. N'oubliez pas de rester positif en tout temps !

Examinons quelques-unes des questions qu'on risque de vous poser.

La vie est comme une bande dessinée de Dilbert.

 Q : Parlez-moi de vos trois derniers emplois. Expliquez-moi ce que vous faisiez et comment vous le faisiez. Décrivez-moi les gens pour qui vous avez travaillé et ceux avec lesquels vous avez travaillé.

Que veulent-ils entendre ?

Ouf ! Quel mitraillage ! leur but ? Évaluer comment vous pouvez résumer une grande quantité d'informations en une vue d'ensemble concise et cohérente, couvrant trois, cinq, dix ans ou plus d'expérience de travail. Les intervieweurs qui posent cette question (ou une autre du même acabit), essaient de faire ressortir la substance de votre curriculum vitae, d'identifier ses incohérences, de tracer la voie pour les questions plus détaillées qui suivront et d'évaluer à quel point vous êtes capable de lier votre expérience et vos compétences aux exigences de l'emploi convoité.

Feu vert

Si vous parvenez à mettre en évidence votre expérience et vos compétences dans une réponse brève, cohérente et positive.

Si vous connaissez l'importance de relier systématiquement *votre* expérience et *vos* compétences aux exigences du poste, telles que formulées par l'intervieweur.

Si vous avez un plan de carrière *ascensionnel* : plus de responsabilités, plus d'autorité, un plus gros salaire, des subordonnés, un niveau de compétence plus élevé et ainsi de suite.

Feu rouge

Si vous posez cette question très déplaisante à l'intervieweur (en tout cas pour moi) : « Que voulez-vous savoir précisément ? » (Réponse : ce que je viens de vous demander !)

Toute réponse qui diffère des faits inscrits dans votre curriculum vitae (dates, responsabilités, titres, postes). Vous croyez que personne ne mentionne jamais un emploi qui ne se trouve nulle part dans son c.v. ? Détrompez-vous : cela se produit tout le temps ! (À cet égard, si vous vous mettez vous-même les pieds dans les plats, voici comment un bon intervieweur vous fera suer :

« Votre c.v. indique qu'en 1996, vous travailliez chez untel, mais vous venez juste de me dire que vous étiez à l'emploi d'un autre. Comment expliquez-vous cela ? »

J'admets avoir été partie prenante à l'entrevue d'embauche la plus stupide qui soit, menée par une personne pourtant intelligente et assez expérimentée. Après avoir obtenu mon diplôme de l'université Princeton, j'ai passé les cinq premières années de ma vie professionnelle à essayer d'être écrivain à plein temps, sans pour autant mourir de faim. La seule façon d'y parvenir consistait à accepter des emplois à temps partiel (souvent deux ou trois à la fois), pendant que je produisais, frénétiquement, des nouvelles, des articles de journaux et de revues, des pièces de théâtre, des scénarios et, parfois, des livres, dont certains pour lesquels j'ai été payé.

Combien d'emplois ai-je ainsi occupés ? Des douzaines ! Certains pendant une journée, d'autres pendant quelques mois et un pendant près de deux ans. Mais le seul qui apparaissait dans mon curriculum vitae était mon passage de deux ans dans une association manufacturière, car mon supérieur avait accepté d'appuyer mon « mensonge blanc » en me permettant de prétendre que j'avais travaillé pour lui pendant cinq ans, à plein temps.

À peine dix minutes après m'être installé face à l'intervieweur d'un gros journal d'entreprise, j'étais en train de discourir allègrement sur ce que j'avais appris dans deux ou trois des autres emplois que j'avais occupés. Oui, c'est exact... J'étais en train de parler de ces emplois qui n'existaient pas officiellement. Je me suis finalement rendu compte de ma bourde, environ une minute après l'intervieweur. Au même moment, nous avons tous deux réalisé la même chose : je n'obtiendrais pas le poste, ni même aucun autre emploi dans cette firme. Nous nous sommes séparés à l'amiable, mais inutile de préciser, je pense, que je n'étais vraiment pas fier de moi.

Alors, ne torpillez pas votre candidature en donnant des détails sur des emplois, des responsabilités et des compétences qui n'existent pas « officiellement ». J'ai retenu la leçon !

Ne vous plaignez jamais ni d'aucune manière de vos patrons, de vos subalternes ou de vos collègues de travail. La plupart des intervieweurs seront agacés par quiconque essaie de blâmer les autres pour ses échecs. *Même si vous n'étiez pas fautif*, tout transfert de blâme sera mal vu.

Vous serez également cuisiné à propos de vos mutations latérales (pourquoi n'avez-vous pas été promu ?) et, encore plus, pour toute rétrogradation. Vous avez intérêt à avoir une bonne explication sous la main.

Vous marquerez aussi un mauvais point si vous êtes incapable de répondre clairement et de façon concise à cette question ou de lier toutes vos expériences de travail en un tout cohérent.

Q: Quel emploi avez-vous préféré ? Pourquoi ?

Que veulent-ils entendre ?

Ils veulent vous entendre décrire l'emploi que vous postulez.

 Feu vert

Il est à prévoir que vous devrez admettre que votre emploi préféré diffère à maints égards, voire sous des aspects importants, du poste offert. Vous pourrez néanmoins toujours reprendre le dessus si vous parvenez à expliquer pourquoi et comment vous avez changé, de telle façon que l'emploi que vous postulez est beaucoup plus adéquat pour vous maintenant.

Feu rouge

Toute réponse qui révèle, par inadvertance, que le genre d'emploi que vous recherchez réellement ne correspond pas du tout à celui postulé. Par exemple :

« *Mon emploi favori a été celui que j'ai occupé au poste de radio XYZ. L'atmosphère y était très informelle et très libre et il y avait peu de supervision. J'ai vraiment adoré ça. J'avais toute liberté pour la programmation de mes émissions, avec peu ou pas d'interférences de l'extérieur. De plus, il ne me fallait que 20 heures par semaine pour accomplir tout mon travail, si bien que le reste du temps, je pouvais écrire et réfléchir à de nouvelles idées.* »

Cela semble, à priori, être une réponse raisonnable... Le hic, c'est que vous avez posé votre candidature à un poste d'adjoint administratif pour quatre hommes d'affaires puissants et toujours à la presse qui exigent 10 heures de travail supplémentaire par semaine, au sein d'une société ultra-conservatrice, fortement hiérarchisée et très rigide.

Il n'y a pas de problème si votre emploi précédent vous permettait de voyager mais pas celui-ci, ni si votre dernier poste offrait des tâches plus diversifiées que celles que vous serez appelées à faire ici. Par contre, il y a un problème si votre réponse *ne tient pas compte des exigences et implications de cet emploi.* Cela peut signaler un manque de recherche préparatoire à l'entrevue ou, simplement, l'incapacité de reconnaître l'importance d'assortir votre expérience passée aux besoins exprimés par l'intervieweur.

Vous trouvez ce type sympa ? Moi, je dis que c'est un tyran !

 Q: **Parlez-moi du meilleur et du pire patrons que vous ayez jamais eus !**

Que veulent-ils entendre ?

Oh ! la question insidieuse ! Si on vous demande de parler du *meilleur* patron que vous ayez jamais eu, vous pourriez toujours essayer de décrire sur-le-champ le responsable de l'embauche assis en face de vous.

Mais, en règle générale, la plupart des employeurs veulent entendre que vous avez adoré travailler pour une personne intéressée à vous aider à apprendre et à évoluer, qui était impliquée dans l'évaluation de vos progrès et qui, de plus, était portée à vous attribuer le mérite de vos réalisations lorsque c'était justifié. J'espère de tout cœur que vous avez eu la chance de travailler pour une telle personne !

Maintenant, que dire de votre *pire* patron ? Ne vous laissez pas emporter dans un flot d'accusations venimeuses contre lui. Cela ne pourrait que jeter le doute sur votre propre compétence ou sur votre capacité de bien vous entendre avec les autres.

Par exemple, si vous l'accusez de « favoritisme », l'intervieweur pourrait se demander pourquoi votre supérieur aimait davantage ses autres employés que vous. Si vous vous plaignez d'un patron qui vous surveillait de trop près, l'intervieweur pourrait s'imaginer que ce dernier le faisait parce que vous n'exécutiez pas votre travail correctement, ne respectiez pas les délais ou le budget... ou les trois possibilités à la fois.

Feu vert

Si vous comprenez que cette question vous donne l'occasion de mettre en évidence vos propres expériences, vos réalisations et vos qualités personnelles. Les mauvais patrons existent, mais un candidat avisé devrait être en mesure de présenter les échecs d'un supérieur dans un contexte positif. Si vous dites que votre patron était « avare de ses connaissances », vous soulignez votre désir d'apprendre. Dans la même veine, dire qu'un gestionnaire n'était pas « impliqué » pourrait signaler votre désir de travailler au sein d'une équipe plus dynamique. Préparez et répétez vos réponses à l'avance.

Feu rouge

Toute forme de négativisme.

Toute tentative de blâmer un patron pour vos échecs :

« Vous savez, j'ai dû travailler très fort pour apprendre à vendre des supports à épices sur mon territoire, mais le fait que ma patronne n'ait jamais rien vendu à qui que ce soit ne m'a sûrement pas aidé. Elle semblait croire que je ne faisais jamais rien de bon. Elle me faisait constamment venir au bureau pour des « évaluations ». J'ai passé tellement de temps à remplir des rapports inutiles pour elle et à assister à des réunions pour discuter les raisons pour lesquelles je n'atteignais pas mes quotas irréalistes que je n'ai jamais eu la chance de réussir. J'espère que mon nouveau patron me laissera tranquille. »

Q: **Si c'était à refaire, par quels moyens auriez-vous améliorer vos relations avec ce vilain personnage ?**

Feu vert

Répondre que oui, bien sûr, vous auriez pu faire quelque chose (en présumant que vous êtes assez futé pour saisir la bouée de sauvetage que l'intervieweur vient juste de vous tendre). L'expérience professionnelle que vous avez acquise depuis, vous a enseigné à mieux accepter la critique. Maintenant que vous comprenez mieux les pressions auxquelles vos supérieurs sont soumis, vous pouvez plus facilement prévoir leurs besoins. Profitez de l'occasion pour faire valoir votre expérience, votre réceptivité et votre maturité.

Feu rouge

Voici un exemple à éviter à tout prix :

« Non, pas avec cet imbécile ! Il se délectait de notre souffrance. Je suis bien content d'avoir mis du sucre dans le réservoir de sa voiture ! »

La Belle et la bête

 Qu'avez-vous réalisé de plus mémorable dans votre dernier emploi ? Au cours de votre carrière ?

Que veulent-ils entendre ?

Concentrez-vous sur vos plus récentes réalisations (à votre poste actuel ou dans votre précédent emploi).

Ainsi, une de mes amies, éditrice de longue date, répondit à cette question en parlant abondamment de toutes les fois où on lui avait demandé d'écrire du matériel promotionnel pour le service du marketing. Pourquoi ? Elle voulait changer de carrière et essayait délibérément d'attirer l'attention de l'intervieweur sur ses réalisations comme rédactrice commerciale plutôt que sur ses talents d'éditrice.

Il est également judicieux de parler des raisons qui vous ont permis d'atteindre des sommets dans votre carrière. Par exemple :

> *« Au lieu de simplement essayer de vendre mes produits, je me suis mis à l'écoute de mes clients afin d'identifier leurs besoins réels. »*
>
> *« J'ai réalisé que j'avais besoin de beaucoup mieux connaître la Déclaration de revenus des sociétés. Alors, je me suis inscrite à un séminaire sur la fiscalité des entreprises. »*

Ce genre de réponses indique à l'intervieweur que vous réfléchissez bien aux moyens d'atteindre vos buts, plutôt que de foncer tête baissée. En laissant savoir à l'intervieweur que vous avez l'habitude d'évaluer régulièrement vos carences, vous lui démontrez que vous êtes à même de trouver les moyens de les surmonter.

 ## Feu rouge

Se vanter de réalisations qui n'ont rien à voir avec les exigences de l'emploi postulé.

Mentionner (avec orgueil ou autrement) des réalisations frivoles, insignifiantes, mineures ou douteuses, comme : « J'ai finalement réussi à me lever tôt chaque matin et ainsi à arriver à l'heure au bureau. » ; « J'ai personnellement recueilli 25 $ pour Centraide » ; « J'ai réussi à taper toute la correspondance de mon patron, la semaine même où on me l'a donnée, même si ça m'a occupée toute la journée. »

> ## Q:
> **Quelle est l'erreur la plus grave que vous ayez commise, au cours votre carrière ? Qu'avez-vous fait pour que cela ne se reproduise plus ?**

Que veulent-ils entendre ?

Avant de vous épancher librement, rappelez-vous que l'intervieweur n'est pas un prêtre et que vous n'êtes pas au confessionnal ! Dans ce cas, vous seriez bien mal avisé de produire un compte rendu de tous vos défauts, faux pas et méfaits. Mais, il serait tout aussi absurde de prétendre que vous êtes parfait et que vous n'avez jamais connu d'échec au cours de votre carrière, de vos études ou de votre vie.

Alors, transigez. La meilleure approche consiste à admettre un point faible ou un échec – choisissez-en un vraiment bon ! puis à parler des mesures que vous prenez (ou avez prises) pour vous assurer de ne plus jamais retomber dans le même piège.

Qu'est-ce qui amenuise un échec ou rend une faiblesse acceptable ? Bonne question ! Choisissez une lacune qui pourrait être vue de manière plus positive sous un éclairage légèrement différent. Par exemple :

⊃ Vous avez tendance à en prendre trop sur vos épaules. Vous essayez de régler ce problème en déléguant davantage.

⊃ Les retards vous impatientent. Vous essayez donc de mieux comprendre les différentes étapes de conception et de fabrication d'un produit afin qu'à l'avenir vous puissiez prévoir d'avance.

⊃ Vous avez réalisé que vous êtes un bourreau de travail, mais vous essayez vraiment d'améliorer votre « état » en lisant des livres sur la gestion du temps.

Essayez de penser à un échec qui s'est produit au début de votre carrière ou qui ne pourrait avoir aucun lien avec le travail que vous seriez appelé à faire pour votre nouvel employeur.

N'admettez jamais aucun trait de caractère qui puisse contrarier votre rendement au travail, comme la procrastination, la paresse ou le manque de concentration.

Feu vert

Admettre un échec dont vous n'êtes pas entièrement responsable. (Lorsque j'interviewe un candidat, cette personne marque beaucoup de points si elle montre hors de tout doute qu'elle n'était pas seule responsable mais accepte quand même d'en porter le blâme.)

Si vous êtes contraint de parler d'un échec lié à votre emploi, préparez-vous à convaincre l'intervieweur que vous connaissez maintenant la cause de votre erreur et présentez-lui des exemples concrets démontrant comment vous avez transformé cet échec en succès.

Feu rouge

Affirmer que vous n'avez jamais failli ! (À moins, bien sûr que vous puissiez montrer votre carte d'identité de la planète Perfection).

Citer un échec non professionnel.

Votre incapacité ou votre inaptitude à prouver que vous êtes prêt à assumer la responsabilité de l'échec mentionné et à présenter une preuve des changements que vous avez apportés pour y remédier.

Ne dites pas « ça ne peut plus jamais se reproduire ». C'est là une affirmation irréaliste qui sèmera le doute quant à votre jugement.

Ne confessez jamais une faiblesse majeure liée au travail : « J'ai toujours détesté tous mes patrons. Mais vous, je pense que je vais vous aimer ! »

Variantes

➲ *Quelle est votre plus grande faiblesse ?*

➲ *Quelle est la pire décision que vous ayez jamais prise ?*

➲ *Quel est le plus gros problème que vous n'ayez pas réussi à surmonter ?*

Selon vos réponses à ces questions, un bon intervieweur continuera de vous sonder et de vous mettre sur le gril, en cherchant à obtenir le plus de détails possibles. Supposons que vous disiez que votre plus grande faiblesse est la peur de déléguer, parce que vous avez toujours l'impression de pouvoir faire le travail mieux ou plus vite vous-même. L'intervieweur pourrait alors vous demander : « Parlez-moi de la dernière fois où vous auriez dû déléguer mais ne l'avez pas fait. Qu'est-il arrivé ? Referiez-vous la même chose ou agiriez-vous différemment aujourd'hui ? »

De telles questions d'approfondissement peuvent également aider l'intervieweur à évaluer votre caractère : votre réaction au stress ; votre capacité à gérer la pression, l'échec et (ou) le succès ; vos normes en matière de succès et d'échec ; votre volonté d'assumer vos responsabilités, surtout lorsque des décisions ou des résultats n'étaient pas entièrement de votre ressort; etc.

Avez-vous ce qu'il faut ?

 Q: | **Avez-vous déjà supervisé du personnel ?**

Que veulent-ils entendre ?

Gravir les échelons signifie, dans la majorité des entreprises et des carrières, gérer du personnel. Si vous avez postulé un poste de supervision ou un emploi menant à un rôle de gestionnaire, l'intervieweur essayera de sonder votre potentiel dans ce domaine.

Il est donc préférable de répondre « oui » à cette question, *même si vous n'avez jamais vraiment supervisé qui que ce soit au travail.* En effet, on considère généralement que les candidats dotés d'une expérience de gestion de personnel ont plus de maturité, peu importe que leurs subalternes les aient trouvés bons leaders ou pas. Ce qui compte, c'est qu'ils aient gagné la confiance de leurs employeurs.

Si vous avez déjà géré du personnel, veillez à donner des détails précis à l'intervieweur sur le nombre de personnes que vous avez supervisées et sur leurs fonctions.

Mais que répondre si vous n'avez jamais eu personne sous votre responsabilité directe ? Vous pourriez remplacer « leadership » par « gestion » et parler des clubs et autres activités où vous avez « géré » des membres ou des bénévoles ou, encore, bâti un consensus au sein du groupe. Si ces expériences vous ont convaincu que vous avez ce qu'il faut pour être un bon gestionnaire, de grâce, dites-le.

Feu vert

Souligner non seulement votre expérience de gestion, mais aussi votre expérience de supervision d'un nombre équivalent ou supérieur d'employés dans un service ou une division de même taille et de même philosophie.

Faire montre d'une bonne connaissance des différentes compétences exigées pour gérer et motiver différentes catégories d'employés, surtout si vous n'avez jamais supervisé quiconque au travail.

Feu rouge

Aucune expérience de gestion pour un poste exigeant que vous gériez du personnel. (Rappelez-vous qu'un feu rouge ne signale pas nécessairement une réponse qui vous éliminera d'emblée, mais une qui pourrait porter l'intervieweur à s'arrêter pour réfléchir. Si les entreprises n'engageaient que des personnes ayant de l'expérience en gestion de personnel, comment pourraient-elles développer leurs propres gestionnaires vedettes ?)

Toute remarque négative sur votre expérience de gestion. (« Oui, j'ai eu à superviser deux personnes dans mon précédent emploi. Et, laissez-moi vous dire que c'était deux bons à rien surpayés ! »)

Ne donnez pas l'impression de sous-estimer les exigences de la gestion ; de penser qu'il ne s'agit que d'un changement de poste et de rémunération ; de ne pas comprendre les pressions d'une responsabilité accrue et les nouvelles compétences demandées ; etc. Et n'ayez pas l'air de n'être pas prêt à travailler fort pour acquérir ces nouvelles compétences.

Wow ! Ils m'aiment vraiment !

> Q :   **Parlez-moi des gens avec lesquels vous avez de la difficulté à vous entendre.**

Que veulent-ils entendre ?

Cette question peut être un champ de mines pour le candidat qui répond trop vite en disant, par exemple : « Ceux qui veulent tout régenter et les personnes brusques », pour s'apercevoir quelques instants plus tard que l'intervieweur est réputé pour sa brusquerie.

 Feu vert

Une personne que j'interviewais un jour m'a donné cette bonne réponse :

> *« J'ai justement discuté de ce problème l'autre jour avec mon patron. Il me reprochait d'être trop impatient avec les personnes lentes. Il m'a dit que le monde était peuplé de gens moyens et non de génies mais que, de mon côté, je m'attendais à ce que tout le monde soit hautement productif. Alors, je crois bien que j'ai des difficultés avec les travailleurs médiocres et peu performants. Je doute que j'accepterai jamais un travail mal fait, mais j'apprends à être plus patient. »*

Avait-il réellement discuté de ça « l'autre jour » ? Cette conversation a-t-elle jamais vraiment eu lieu ? Probablement pas, mais qui s'en soucie ? C'est une bonne touche ! Et une bonne réponse aussi. Tous les candidats de haut niveau ne devraient-ils pas être impatients avec les personnes lentes au travail ? Celui-ci m'a même parlé de ce qu'il faisait pour résoudre son « problème ». Bref, sa réponse était concise et allait droit au but.

Feu rouge

Une réponse vague, générale et peu détaillée indique un manque d'analyse et de connaissance de soi. Bien sûr, vous ne voulez pas vraiment répondre à cette question (raison pour laquelle elle est posée). Mais vous devriez savoir qu'elle peut l'être ainsi que ses cousines comme : « Quelle est votre plus grande faiblesse ? » ; « Parlez-moi de votre pire patron » ; « Parlez-moi de votre pire échec ».

Variante

⊃ Quels genres de personnes ont de la difficulté à s'entendre avec vous ?

Que veulent-ils entendre ?

Si vous répondez « aucun », l'intervieweur pensera que vous tentez de vous défiler, que vous êtes imbécile, ou les deux. Soyez donc prêt à répondre. Je vous suggère de penser à une anecdote qui atténuera avec un peu d'humour les raisons pour lesquelles une personne ne vous aimait pas.

Un de mes amis s'est souvenu de son premier emploi. À peine sorti du cégep, il fut le premier à être embauché en six ans dans une agence d'État. Trop désireux de réussir, il mit rapidement en péril ses relations avec ses collègues de travail. En effet, dès le premier jour, il travailla deux fois plus fort qu'eux et se les mit ainsi à dos. Sa réponse était donc toute prête – et difficilement vérifiable. C'était l'esquive parfaite.

Prêt pour une balle courbe ?

 Quels sont, d'après vous, nos deux (ou trois ou cinq) principaux concurrents ?

Que veulent-ils entendre ?

Cette question ne devrait pas se trouver dans ce groupe, mais certains intervieweurs aiment la poser très tôt durant l'entrevue, car elle va rapidement – et douloureusement – dévoiler la profondeur ou la superficialité de votre préparation. S'il est évident que vous connaissez la situation de l'entreprise au sein du secteur et si vous pouvez discuter adéquatement et intelligemment de ses produits, de ses forces et de ses faiblesses face à la concurrence, ainsi que de la santé de cette branche d'activité, vous êtes manifestement un candidat intéressant. Cela ne suggère évidemment rien du tout sur vos qualifications pour le poste, mais si vous *êtes qualifié*, cet étalage de connaissances peut très bien être « le petit extra » qui vous démarquera des autres candidats aussi qualifiés, voire plus qualifiés que vous.

Même si cela ne met pas automatiquement fin à l'entrevue, je vois personnellement d'un très mauvais œil toute mauvaise réponse à cette question et toute tendance à bafouiller, cafouiller et se ronger les ongles.

Et maintenant, parlez-moi vraiment de vous

Dans le monde des affaires, le « style » a peu à voir avec la manière de s'habiller (même si dans certaines sociétés et pour certains postes la « bonne » tenue vestimentaire peut être un élément de la culture d'entreprise). D'ordinaire, votre style est une mesure – et le plus souvent une mesure subjective – de la manière dont vous vous comportez ou vous comporterez au travail.

Avez-vous de bonnes relations avec vos supérieurs ? vos subordonnés ? vos pairs ? Quelle est votre philosophie de gestion ? Aimez-vous travailler seul ou en équipe ? Les intervieweurs vont poser ce genre de questions pour évaluer comment vous agissez et interagissez au travail.

De plus, ils vont sans aucun doute baser au moins quelques-unes de leurs décisions d'embauche sur leurs impressions du comportement de chaque candidat. Dans chaque cas, ils évaluent comment le style du candidat s'intègre à la culture organisationnelle, à leur propre style et (ou) à celui de l'équipe. En règle générale, donc, un « feu vert » désigne toute réponse qui convaincra l'intervieweur qu'il a trouvé une corrélation positive et « un feu rouge », toute réponse qui révèle des différences de style assez importantes pour le faire réfléchir. Au lieu de qualifier une réponse comme fondamentalement bonne ou mauvaise, la plupart des intervieweurs essaient simplement d'établir avec précision si vous vous entendrez bien avec Pierre ou Jeanne ou Jacques (les autres employés de la société, du service ou de l'équipe).

Voici une série de questions sur le « style » qui vous seront sans doute posées au cours de l'entrevue.

 ## Avez-vous le sens de l'organisation ?

Que veulent-ils entendre ?

Même si vous êtes convaincu qu'un bureau ordonné est le signe d'un esprit dérangé, parlez en détail des compétences organisationnelles que vous avez développées (gestion du temps, gestion de projet, évaluation des besoins, délégation de pouvoir, etc.), et dites comment elles vous ont rendu plus efficace.

Mais gare aux extrêmes ! Personne ne veut engager quelqu'un de si constipé qu'il connaît toujours le nombre exact de trombones dans son tiroir, ou une personne si désorganisée qu'il faudra se sentir heureux si elle se rappelle quel jour on est.

Variantes

➲ *Faites-moi une description imagée de votre bureau.*

➲ *Décrivez-moi ce qu'il y a sur le dessus de votre bureau.*

➲ *Parlez-moi des cinq premiers dossiers qui se trouvent dans votre classeur.*

 Gérez-vous bien votre temps ?

Que veulent-ils entendre ?

J'espère que vous pouvez honnêtement répondre « oui » à cette question, que vous êtes autonome et que vous remettez rarement les choses au lendemain. Si vous *ne pouvez pas* répondre à cette question sans mentir, j'espère au moins que vous êtes assez intelligent pour comprendre que ce n'est pas le moment de vous lamenter sur votre réveille-matin brisé – ce qui, à propos, est sûrement la raison pour laquelle vous étiez 15 minutes en retard à l'entrevue, se rappelle maintenant l'intervieweur. Les bons employés sont capables de définir des objectifs, de prioriser leurs tâches et d'accorder le temps adéquat et opportun à chacune.

En répondant à une question aussi conceptuelle que celle-ci, essayez de saupoudrer votre propos de quelques données précises. Voici quelques exemples :

> « *Je rate rarement une échéance. Lorsque des circonstances hors de mon contrôle surviennent, j'essaie de reprendre le temps perdu le plus rapidement possible.* »
> « *Je dresse une liste des choses à faire tous les matins. Puis, j'y ajoute d'autres tâches ou je change les priorités au besoin, au fur et à mesure, selon le déroulement de la journée.* »

« J'aime beaucoup être en relation avec mes collègues de travail. Toutefois, lorsque je dois effectuer des tâches très précises, je m'organise pour réserver du temps où rien ni personne ne pourra m'interrompre afin de pouvoir me concentrer et travailler plus efficacement. »

 Comment réagissez-vous au changement ?

Que veulent-ils entendre ?

J'espère que vous pouvez dire que vous réagissez *bien* au changement, car le monde des affaires est le monde du changement. Pour rester concurrentielles, les entreprises doivent s'adapter aux nouvelles technologies, aux changements de main-d'œuvre, de leadership, de structures administratives, de types de services offerts et même des produits qu'elles fabriquent. Leur personnel doit s'adapter tout aussi rapidement !

Choisissez un exemple de changement auquel vous avez été confronté et dont les résultats ont été positifs. Essayez de démontrer que vous avez non seulement accepté et intégré le changement, mais aussi que vous en avez tiré parti. Par exemple :

« Mon patron a récemment décidé que notre société avait besoin d'une vitrine sur Internet. Il m'a confié la tâche de réaliser le projet, de l'étape de recherche à l'étape opérationnelle, en huit semaines, et il m'a adjoint l'aide d'un concepteur. Comme je n'avais pas d'expérience particulière des ordinateurs et des communications en ligne, j'imagine qu'il m'a donné cette responsabilité parce que je m'adapte bien au changement.

« Nous avons fait de la recherche sur le sujet, étudié les alternatives et présenté un plan qui a été accepté. Le concepteur et moi avons ensuite travaillé au développement de l'information sur un médium qui nous était jusque-là inconnu. Après deux mois en ligne, les ventes avaient augmenté de 7 % par rapport à la même période, l'année précédente. »

Comment prenez-vous vos décisions importantes ?

Que veulent-ils entendre ?

Vous devriez maintenant avoir une bonne idée de la culture de l'entreprise pour laquelle vous voulez travailler. Veillez donc à teinter votre réponse en conséquence.

Par exemple, si vous voulez travailler pour une société de services financiers, vous ne voudrez pas passer pour un gestionnaire qui prend ses décisions à partir de pressentiments plutôt que de faits précis. De même, si vous passez une entrevue pour un poste de contrôleur aérien, il est préférable de ne pas dire que vous préférez réfléchir longuement avant de prendre une décision.

Pensez aux principales préoccupations de l'intervieweur. Devrez-vous avoir une pensée logique ou créative ? Êtes-vous prêts à faire appel à l'expertise des autres ? Si vous convoitez un poste de cadre, vous voudrez aussi profiter de l'occasion pour convaincre l'intervieweur que vos compétences relationnelles vous ont rendu apte à occuper un poste de gestionnaire ou vous mènent vers ce but.

Vous pourriez dire quelque chose comme :

> *« Quand je dois prendre une décision importante, je demande l'avis des autres. J'essaie de penser à tout. Mais, en fin de compte, c'est moi qui décide. Je suppose que c'est pourquoi on dit qu'on est toujours seul au sommet. Plus vous grimpez dans la hiérarchie, plus vous avez de responsabilités et plus vous devez prendre de décisions par vous-même. »*

Bien que ce soit là une bonne réponse générale, vous pouvez tomber sur un intervieweur qui décide de sonder le terrain pour voir si les *faits confirment les dires*. Il vous dira alors : « Bien ! parlez-moi maintenant de la dernière décision importante que vous avez eu à prendre ! Comment l'avez-vous prise ? Quels en ont été les résultats ? » Pouvez-vous épauler la réponse générale précédente par des détails précis ? ou montrez-vous, malencontreusement, que vous faites les choses différemment (en mieux ou en pire) de ce que vous venez de dire ?

 ## Travaillez-vous bien sous pression ?

Que veulent-ils entendre ?

Tout le monde répondra vraisemblablement par l'affirmative. Il est toutefois préférable d'appuyer vos dires par des exemples concrets. Choisissez des anecdotes qui ne laissent pas entendre que les pressions que vous avez subies résultaient de votre propre procrastination ou de votre incapacité à prévoir les problèmes.

Variantes

> ⊃ *Parlez-moi de la dernière fois où la pression vous a rendu indécis ou vous a fait prendre une mauvaise décision ou commettre une erreur. Qu'auriez-vous dû faire différemment ? Vous êtes-vous retrouvé dans une situation analogue depuis ? Qu'avez-vous fait alors ?*

Vous devriez maintenant reconnaître parfaitement le modèle de questionnement auquel vous devriez vous préparer : les bons intervieweurs vont sonder, sonder et sonder encore. Pourquoi ? Parce qu'ils pensent que vous pouvez répéter un nombre donné de généralités mais ne vous rappeler que d'un nombre limité de « mensonges pieux ». Donc, plus les questions seront détaillées, plus vous risquerez de révéler les fausses représentations, les exagérations ou les omissions.

Êtes-vous capable de prévoir les problèmes ou vous contentez-vous d'y réagir ?

Que veulent-ils entendre ?

Tous les gestionnaires prennent peur de temps à autre. Les meilleurs apprennent à se protéger en anticipant les problèmes susceptibles de survenir au prochain tournant. Par exemple, un directeur des ventes de ma connaissance demandait à son personnel de lui présenter des rapports hebdomadaires sur toutes les variantes budgétaires positives ou négatives. En partageant cette information précieuse avec son patron ainsi qu'avec les services de la fabrication, de la distribution et du marketing de l'entreprise, il a contribué à améliorer le roulement des produits et à augmenter des ventes défaillantes. Ce genre d'histoire constitue de l'excellent matériel pour réussir une entrevue et le type d'exemple que vous devriez essayer de présenter.

Prenez-vous des risques ou préférez-vous la prudence ?

Que veulent-ils entendre ?

Dans la plupart des cas, le candidat idéal sera un mélange des deux. Les intervieweurs qui posent cette question cherchent des indices sur votre sens de l'innovation et votre créativité. Êtes-vous le berger ou seulement une brebis du troupeau ? Ils veulent également découvrir si vous êtes une « tête forte» qui ne se pliera pas aux politiques de la société et sera trop encline à envoyer la cavalerie.

C'est, là encore, un grand trait propre à la culture de chaque entreprise. L'intervieweur peut, personnellement, préférer Dollard-des-Ormeaux pour mener ses troupes au combat, mais souhaiter qu'il ne soit pas la personne officiellement responsable du contrôle de l'opération.

Variantes

↻ Parlez-moi de la dernière fois où vous avez pris des risques. Est-ce que ce fut une bonne décision ? Qu'auriez-vous fait de façon différente ?

 Si vous pouviez recommencer votre carrière, que feriez-vous de façon différente ?

Que veulent-ils entendre ?

Les intervieweurs utilisent des questions hypothétiques pour faire réfléchir les candidats. Ils s'attendent à ce que vous « sachiez bien répondre » quand il s'agit de faits reliés à votre carrière et à votre éducation. Mais comment réagirez-vous quand vous devrez vous laisser aller et improviser ?

À moins que vous envisagiez un changement complet de carrière, vous devez convaincre l'intervieweur que vous n'y changeriez rien. Vous adorez votre profession et, si vous aviez le choix, vous referiez exactement la même chose.

Sentez-vous libre de citer Paul Anka (chanté par Frank Sinatra) et de dire : « Des regrets ? J'en ai peu. Et, à bien y penser, trop peu pour en parler. ». Dans ce cas, faites toutefois attention à *ceux* que vous mentionnez et présentez-les de manière à démontrer ce que vous en avez retiré. Avez-vous quitté votre premier emploi faute de promotion rapide, pour constater finalement que vous aviez encore bien des choses à y apprendre ? Avez-vous raté une occasion de vous spécialiser dans un domaine particulier ou de développer une quelconque expertise nécessaire à votre travail ?

Feu vert

« Mon seul regret est de ne pas avoir pris cette direction plus tôt. J'ai commencé ma carrière comme rédacteur et

j'aimais bien ce métier. Toutefois, lorsque j'ai bifurqué vers le marketing, j'ai réalisé que j'adorais ce domaine. Maintenant, je me rend chaque jour au travail avec joie. »

Feu rouge

« J'aimerais n'avoir jamais eu à travailler dans le domaine de l'édition de périodiques. Mais, maintenant, j'imagine que je suis dans un cul-de-sac. Quand je pense que j'aurais pu diriger la publication de livres sur le jardinage pour les éditions Fleurs et Jardins... »

Variantes

⊃ *Quelle a été votre plus grande erreur dans le choix d'un emploi ?*

Q: Préférez-vous travailler seul ou avec d'autres ?

Que veulent-ils entendre ?

Là encore, vous allez devoir répondre en fonction de l'emploi visé. Si, par exemple, le poste à combler est celui de représentant commercial itinérant avec un territoire très vaste, vous ne pourrez pas dire que vous adorez le contact avec vos collègues de travail et ne pourriez envisager de travailler sans interaction avec une équipe. En effet, dans votre poste, vous serez toujours seul en voiture et vous ne rencontrerez que des clients, des serveuses et des employés d'hôtels.

Même si vous aimez les contacts au travail, ne décrivez pas votre environnement comme un jardin de roses sans aucune épine. Vous connaissez l'adage : « Vous pouvez choisir vos amis, mais pas vos parents ». Il est également valable pour les collègues de travail.

Chaque situation de travail nous force à côtoyer des gens que nous ne choisirions peut-être pas pour amis. Mais, nous devons nous habituer à vivre avec ces gens, souvent pour de longues périodes et, parfois, dans des conditions difficiles. Reconnaître cet état de fait, démontre une certaine force de caractère. Parlez de la manière dont vous avez réussi à vous entendre avec différentes personnes au travail.

Feu vert

Un jour, j'interviewais des candidats pour un poste de chef de la production avec 16 personnes sous ses ordres. Dans les maisons d'édition, les services de la production sont remplis de gens plus excentriques les uns que les autres. Je devais donc évaluer sérieusement les habiletés de communication interpersonnelle de chaque candidat.

Un candidat que je venais d'interroger sur ses compétences en gestion et en communication, me regarda droit dans les yeux et dit :

> *« Écoutez, nous savons fort bien tous les deux qu'il n'est pas toujours facile de gérer des artistes et des correcteurs d'épreuves. Je fais de mon mieux pour les convaincre de l'importance des échéances et pour essayer de leur faire comprendre ce qu'il en coûte quand nous ne les respectons pas. Je m'efforce aussi de les sensibiliser au fait qu'il est injuste pour les autres membres du service et de l'entreprise de laisser traîner les choses inutilement.*
>
> *« Je trouve habituellement les moyens de m'entendre avec tous les membres du service, des façons de les convaincre que la ponctualité et l'exactitude sont absolument nécessaires. Ce n'est pas toujours facile, mais c'est souvent agréable. Quand nous sommes stressés à cause des retards d'un autre service, j'utilise cette situation comme une leçon. Le plus important est de*

distribuer le travail équitablement et de faire comprendre à tous que chacun doit faire sa part. »

Variantes

⊃ *Comment vous entendez-vous avec vos supérieurs ?*
Vos collègues de travail ?
Vos subalternes ?

Que veulent-ils entendre ?

Vos réponses à ces questions devront, en premier lieu, avoir un lien avec celles concernant les personnes avec lesquelles vous avez eu de la difficulté à vous entendre ou qui ont eu de la difficulté à s'entendre avec vous. Soyez consistant ! Mais c'est, là encore, une question liée à la culture d'entreprise et pour laquelle la « rectitude » de la réponse dépend des exigences du poste. Si vous aimez surtout travailler seul mais que l'intervieweur cherche quelqu'un qui fera toujours partie d'une équipe, le manque de corrélation sera évident.

 Comment gérez-vous les conflits de travail en général ?

Que veulent-ils entendre ?

« *Je me fâche rarement contre les autres. Je parviens généralement à régler les problèmes ou même à les voir venir. Quand les conflits sont inévitables, je ne recule pas, mais, j'essaie, comme je peux, d'être raisonnable.* »

Ou :

« *J'ai eu des démêlés avec des confrères qui ne faisaient pas leur part du travail. Je pense que les employés doivent à leurs supérieurs, leurs clients et leurs collègues de bien faire leur travail.* »

Comment réagissez-vous lorsque vous avez un problème avec un collègue de travail ?

Que veulent-ils entendre ?

« *J'ai eu à travailler avec un designer qui ne voulait rien entendre de mes suggestions. Il me répondait en grommelant et se traînait les pieds avant de faire ce que je lui demandais. J'ai fini par lui dire : «Voyons, nous sommes deux professionnels. Aucun de nous n'a la bonne réponse tout le temps. Je me suis aperçu que tu n'aimes pas vraiment mes suggestions, mais au lieu de les refuser systématiquement, pourquoi ne discuterions-nous pas de ce qui ne te plaît pas ? »*

« *Cela a fonctionné comme un charme. Nous sommes même devenus de bons amis depuis.* »

Variante

⊃ Parlez-moi de la dernière fois où vous avez perdu la maîtrise de vous-même.

 Comment motivez-vous les gens ?

Que veulent-ils entendre ?

Une bonne réponse indiquera que « tout dépend du caractère de la personne à motiver » et sera appuyée par un ou deux exemples concrets. Un candidat peu compétent laissera entendre que les gens sont toujours motivés par les mêmes choses ou qu'une seule approche suffit pour motiver tout le monde. Un intervieweur avisé se servira de cette question pour compléter votre réponse à sa question : « Quelle est votre philosophie de gestion ? »

Perdant quoi qu'on fasse...

Les entreprises se méfient des gens qui ont souvent changé de travail. Curieusement, nombre de ces sociétés hésitent tout autant à engager des gens qui sont toujours restés au même poste. Si l'une ou l'autre de ces situations décrit bien l'histoire de votre carrière, voici comment répondre.

 Vous avez changé souvent d'emploi. Comment peut-on être assuré que vous resterez avec nous ?

Que veulent-ils entendre ?

Le processus d'embauche est coûteux pour les entreprises et demande beaucoup de temps aux gestionnaires. L'instabilité du personnel ne fait donc qu'augmenter la fréquence du processus. Formulez alors votre réplique de façon à convaincre l'intervieweur que vous allez rester, en décrivant le poste offert comme la « terre promise » pour vous.

 ## Feu vert

Utilisez l'une ou l'autre de ces approches :

❶ Avouez que vous avez eu de la difficulté, au début, à définir votre plan de carrière, mais que vous avez maintenant trouvé votre voie.

❷ Persuadez l'intervieweur que vous avez quitté vos emplois antérieurs parce que vous avez réalisé que changer de travail était le seul moyen d'accroître vos responsabilités et d'élargir votre expérience.

Assurez-vous d'insister sur le fait que rien ne vous ferait plus plaisir qu'un emploi stable au sein d'une entreprise.

Voici un exemple à considérer si vous devez vous-même expliquer vos nombreux changements d'emploi.

Karine a occupé quatre emplois au cours des six années suivant l'obtention de son diplôme. Sa réponse intelligente aux inquiétudes de l'intervieweur, quant à sa stabilité, utilise un mélange des deux techniques :

> *« Pendant toutes mes études, j'étais convaincue que je voulais devenir programmeuse, mais, au bout de quelques mois à mon premier emploi, j'ai constaté que je n'étais pas heureuse. J'ai évidemment blâmé la société et le travail. Ainsi, quand une occasion s'est présentée à la Banque Nationale, j'ai sauté dessus. Cependant, une fois l'euphorie du début passée, je me suis de nouveau sentie malheureuse.*
>
> *« À ce moment, j'avais cependant remarqué que j'aimais surtout la partie de mon travail touchant les applications. Alors, quand j'ai entendu parler du poste de soutien aux utilisateurs finaux chez SafeInvest, j'ai immédiatement posé ma candidature. J'ai appris beaucoup à cet endroit, jusqu'à ce que j'atteigne le « plafond ». C'était une petite entreprise où il n'y avait plus d'avancement possible pour moi.*
>
> *« Grâce aux innovations que j'avais mises au point chez SafeInvest, j'ai été recrutée pour un poste dans le domaine applicatif à la Banque Royale. Le travail a été passionnant, mais je me suis aperçue que je préférais travailler de façon autonome.*
>
> *« Ce nouveau poste m'offre la possibilité de gérer un service et d'interagir avec des programmeurs et des spécialistes à la fine pointe de la technologie des applications. Au cours de ma carrière, une chose est demeurée constante chez moi : mon désir d'apprendre. Cet emploi me donnerait la chance d'en apprendre tellement. »*

Variante

> ⊃ *Vous n'êtes en poste chez votre employeur actuel que depuis peu. Est-ce une indication que vous allez changer d'emploi souvent au cours de votre carrière ?*

... Même si on est stable en emploi

 Vous êtes à l'emploi de la même organisation depuis ___ ans. N'aurez-vous pas de la difficulté à vous habituer à une nouvelle culture d'entreprise, à une nouvelle atmosphère de travail, à une autre équipe, etc. ?

Que veulent-ils entendre ?

C'est l'envers de la médaille de la question précédente. Voici ce que l'intervieweur fait : si vous avez changé souvent d'emploi, il met en doute votre stabilité, mais si vous êtes toujours resté dans la même entreprise, il met en doute votre sens de l'initiative. C'est une situation de double contrainte.

Voici comment se défendre. Pendant toute la durée de votre emploi dans cette unique entreprise, vous avez probablement travaillé pour plusieurs patrons. Vous pouvez même avoir eu l'occasion de superviser différentes catégories d'employés dans divers services. Vous avez certainement travaillé en équipe avec un grand nombre de collègues. En outre, de l'intérieur de cette organisation, vous avez probablement eu la chance d'observer un grand nombre d'autres entreprises : des concurrents, des fournisseurs, des clients et autres. Vous comprenez ?

Vous êtes souple et loyal. Vous pourriez rappeler à l'intervieweur que c'est là une combinaison très valable de qualités.

Depuis le temps qu'on vous pose des questions sur vous-même et sur vos diverses expériences pendant vos études, sans compter les questions préliminaires sur votre expérience « de travail », vous devriez déjà avoir deviné si on vous considère toujours comme un candidat valable. (Si vous ne l'êtes pas, on peut vous montrer poliment la porte à tout moment, maintenant.)

Si l'intervieweur a encore des doutes, il se mettra à vous poser des questions encore plus détaillées. Il vous a invité à brosser un portrait de vous. Alors, Rembrandt, qu'avez-vous de plus à lui offrir ?

Des suggestions de réponses aux questions sur le travail

⊃ **Soyez honnête**, mais faites valoir vos forces et blanchissez vos faiblesses. Si vous devez parler d'expériences malheureuses, soulignez ce que vous avez appris de vos erreurs et expliquez pourquoi vous ne les répéterez pas.

⊃ **Ne parlez que du positif.** Ne laissez filtrer aucune information susceptible de vous desservir par la suite.

⊃ **Recherchez l'équilibre entre votre image « d'un homme ou d'une femme impliqué(e) dans l'entreprise» et d'une « tête forte».** Les intervieweurs qui sélectionnent les candidats et les responsables de l'embauche sont souvent attirés par les personnes capables de prendre des risques. Mais ils recherchent aussi des gens qui respectent les règles. Votre recherche préliminaire à l'entrevue d'embauche devrait vous indiquer le chemin à suivre. Dans le doute, favorisez l'équilibre.

⊃ **Utilisez des situations de travail précises pour illustrer vos dires.** Si vous sentez que l'intervieweur devient plutôt subjectif, essayez de le remettre sur les rails, en utilisant des exemples concrets de votre expérience de travail antérieure. Ne dites pas seulement que vous êtes organisé. Décrivez en détail comment vous avez organisé un projet complexe du début à la fin. N'oubliez pas que, dans la mesure du possible, vous voulez que l'intervieweur base sa décision sur des *faits* (vos forces, qualifications et réalisations) et non sur une évaluation subjective de votre personnalité.

⊃ **Choisissez vos mots avec précaution.** Assurez-vous de bien répondre aux questions et de ne pas introduire de sujets auxquels l'intervieweur n'aurait pas pensé. Par exemple, je suggère de dire « Je suis à la recherche de défis plus grands » plutôt que « Le patron ne me donnait pas assez de choses à faire ». Êtes-vous sûr de vouloir aller dans *cette* direction ?

Chapitre 6

Concentrons-nous sur quelques faits

Maintenant que l'intervieweur a fini de couvrir les généralités, comme votre motivation et votre comportement au travail, il va tenter de glaner des renseignements encore plus précis sur votre rendement professionnel. Courage ! Si vous êtes parvenu jusque là, c'est que vous êtes toujours un candidat intéressant !

Choisissez un numéro dans la colonne A...

Parlez-moi de la dernière fois où vous :

⊃ avez fait une erreur ;

⊃ avez pris une bonne décision ;

⊃ avez pris une mauvaise décision ;

⊃ avez licencié quelqu'un ;

⊃ avez embauché une personne ;

⊃ n'avez pu compléter un projet à temps ;

⊃ avez trouvé une solution originale à un problème ;

⊃ avez trouvé une solution rentable à un problème ;.

⊃ avez visé trop haut ;

⊃ avez visé trop bas ;

⊃ avez réalisé (ou perdu) une bonne vente ;

⊃ avez fait économiser de l'argent à l'entreprise ;

⊃ avez dépassé votre budget.

Que veulent-ils entendre ?

Ce sont là des questions ouvertes, comme « Parlez-moi de vous », mais qui concernent des sujets précis sur lesquels vous devez vous exprimer clairement. Les questions qui suivront s'inspireront nécessairement de votre réponse initiale. L'intervieweur vous dira, par exemple : « Bon, je comprends que le déséquilibre budgétaire vient du manque de coordination au sein de la division. Je constate aussi que vous avez clairement pris votre part de responsabilité dans ce manque de communication. Mais qu'avez-vous fait pour changer les procédures afin de vous assurer que cela ne se reproduise plus ? À propos, la situation *a-t-elle refait surface* ? »

Attendez-vous à ce qu'un intervieweur expérimenté continue de sonder le terrain et de vous poser des questions plus précises, en demandant des exemples, à savoir : qui avait fait cela ? ; qu'ont-ils fait ? ; quels ont été les résultats ? ; que feriez-vous autrement maintenant ? ; que devez-vous changer pour faire mieux à l'avenir ; *qu'avez-vous* changé ? etc.

Feu vert

Une réponse précise à une question précise. Plus vous mettrez de détails pertinents, mieux ce sera.

Toute réponse aux questions précédentes qui a un début, un milieu et une fin, comme dans toute bonne histoire : « Voici ce qui est arrivé ; voici ce que j'ai fait ; voici ce que j'ai appris. »

Certaines questions *exigent* des réponses liées au travail ; d'autres peuvent accepter des exemples tirés d'activités non professionnelles, comme le bénévolat ou un aspect particulier de votre vie personnelle. Un candidat avisé entremêlera ces deux volets pour convaincre l'intervieweur qu'il est bien équilibré et a une vie personnelle hors du travail.

Prenez tout le crédit qui vous revient pour une réalisation (une réduction de coûts, une augmentation de revenus, une solution créative, une vente difficile), mais soyez assez juste et assez honnête pour présenter également la contribution de l'équipe, de l'organisation, de votre patron, de vos assistants, etc. Insistez sur la contribution des autres à votre succès.

La plupart des intervieweurs favoriseront un candidat qui a travaillé assez longtemps pour avoir pris de bonnes *et* de mauvaises décisions, pour avoir fait de bonnes *et* de mauvaises embauches, de bons et de *mauvais choix*. Quant à moi, toutefois, je trouve plus important qu'une personne ait une bonne connaissance pratique des principes de la gestion qu'une longue expérience de travail.

Feu rouge

Évitez de donner l'impression que vous êtes un « moi, je sais tout » travaillant, entreprenant et énergique, qui ne peut donner assez d'exemples de ses qualités extraordinaires, quel que soit le nombre de questions posées par l'intervieweur.

La plupart des intervieweurs se méfieront d'une personne qui, malgré ses nombreuses années d'expérience au même emploi, semble n'avoir pas connu les mille et un tracas quotidiens du travail. Vous avez engagé quelqu'un une fois et tout a bien été. Vous n'avez jamais licencié personne. Vous ne vous rappelez pas la dernière occasion où vous avez dû prendre une grave décision.

Aussi talentueux que vous soyez (ou pensez l'être), évitez de dire que vous avez été, à la fois, chef de la direction, directeur de l'exploitation, directeur financier, un modèle de créativité et un champion des ventes. Même si vous êtes un véritable prodige qui pourrait faire pâlir l'étoile de Mozart, vous devriez avoir le bon sens de ne pas vous attribuer le mérite exclusif de toutes les réussites que votre entreprise a connues ces dix dernières années... surtout si vous y travaillez depuis trois ans seulement !

J'ai toujours trouvé curieux, par exemple, que sept différents agents publicitaires indépendants, qui m'avaient approché lors d'une foire commerciale, aient chacun revendiqué – dans leur publicité et même sur leurs cartes d'affaires – être entièrement responsable du succès du livre *Bouillon de poulet pour l'âme*, alors que je ne suis pas certain que tous aient même travaillé sur le livre en question. De toute évidence, aucun ne pouvait être le seul responsable du programme publicitaire !

...Et un numéro dans la colonne B

Que faites-vous quand vous avez des difficultés...

⊃ à résoudre un problème ?

⊃ avec un subordonné ?

⊃ avec un supérieur ?

⊃ avec votre travail ?

Que faites-vous quand...

⊃ tout va trop lentement ?

⊃ il y a de l'agitation dans l'air ?

⊃ vous êtes éreinté ?

⊃ vous avez de nombreuses priorités en même temps (famille, travail, école, etc.) ?

Que veulent-ils entendre ?

Ces questions sont des tentatives supplémentaires pour mieux cerner votre manière de penser et d'agir dans la vie de tous les jours. On vous a peut-être déjà questionné, il y a 10 ou 30 minutes, sur vos difficultés avec un supérieur, avec vos collègues de travail, etc. Soyez donc prudent, car un bon intervieweur peut essayer de vous coincer en creusant le même sujet, mais par un autre chemin. Le style de question du genre « Que faites-vous lorsque... » est très différent du genre « Avez-vous des difficultés avec... ? »

 Quelles habiletés devez-vous le plus acquérir ou développer pour avancer dans votre carrière ?

Que veulent-ils entendre ?

Vous devriez dire que vous êtes en train de développer une habileté liée à l'emploi en vue. Pourquoi en parleriez-vous autrement ? « Bien, j'ai vraiment besoin de mieux tenir ma raquette de tennis au filet. Mon coup frappé est mauvais. » *Bon, bon.*

Laissez-moi reformuler tout ça :

 Qu'est-ce que vos supérieurs ont tendance à critiquer le plus à propos de votre rendement ?

Que veulent-ils entendre ?

C'est une autre façon de formuler une série de questions qui vous ont probablement déjà été posées : Quelle est votre plus grande faiblesse ? Quel est votre plus grand échec ? Que dirait votre supérieur à votre sujet ?

En demandant la même chose, mais de trois ou quatre manières différentes, un intervieweur expérimenté peut découvrir plus facilement les contradictions dans votre discours.

Feu vert

Vous pouvez être presque certain que vos références seront vérifiées et votre dernier supérieur contacté. Il vaut donc mieux pour vous que votre réponse concorde avec les dires de votre patron.

Pensez, peut-être, à discuter d'une évaluation à un poste antérieur, en décrivant ce que vous avez fait pour vous y ajuster et en affirmant que votre supérieur actuel ne considérerait pas la chose comme un problème. C'est là une très bonne réponse, parce qu'il est bien possible que l'intervieweur ne puisse vérifier l'évaluation initiale, ce qui rend le reste du scénario hypothétique. Mais, ça marche pour vous !

Rappelez-vous seulement qu'un bon intervieweur trouvera le moyen de contrer cet élégant subterfuge. Par exemple : « Votre patron actuel a-t-il émis des critiques à votre sujet lors de votre dernière évaluation ? » ou « Est-ce que votre dernière évaluation met en lumière des compétences que vous devriez améliorer ? ».

Feu rouge

Ne mentionnez jamais un trait personnel qui peut gêner votre performance au travail (ou le laisser penser à l'intervieweur), comme la procrastination, la paresse, un manque de concentration, un caractère difficile ou le manque de ponctualité.

La plupart des intervieweurs se méfieront probablement si vous prétendez n'avoir jamais eu d'évaluation négative. Même si cela peut arriver, puisque de nombreuses entreprises et de nombreux patrons ne font pas d'évaluations systématiques ou ne les prennent pas au sérieux, l'intervieweur va probablement continuer dans la même direction : « Parlez-moi de la dernière fois où votre patron vous a critiqué. Pourquoi l'a-t-il fait ? Qu'avez-vous répondu ? Qu'avez-vous fait pour réparer, résoudre ou changer les choses ? » *J'aurais tendance* à me méfier d'un candidat qui affirmerait n'avoir jamais été critiqué *pour quoi que ce soit*.

Si vous êtes si intelligent, pourquoi n'êtes-vous pas riche ?

Q: **Avez-vous introduit de nouvelles procédures (méthodes, politiques, etc.) dans votre emploi précédent ? Parlez-nous en.**

Que veulent-ils entendre ?

Bien sûr ! Vous avez eu de très bonnes idées que vous seriez heureux de partager avec l'intervieweur. Malheureusement, plusieurs (ou aucune) de ces solutions n'ont pu être appliquées à cause de circonstances hors de votre contrôle.

Il n'est pas nécessaire d'être président de division ou directeur de service pour répondre à cette question. Une adjointe administrative peut, de son propre chef, avoir inventé un nouveau système de classement des dossiers ou une meilleure manière de distribuer le courrier du service. Ou encore, elle peut simplement avoir utilisé la nouvelle technologie pour améliorer une tâche aussi ordinaire que mettre à jour l'agenda du patron.

L'intervieweur recherche le dynamisme, la créativité, le sens des responsabilités face à l'organisation et à sa réussite. Il est donc temps, maintenant, de présenter les faits et les chiffres dont nous avons parlé plus tôt. Décrivez les changements ou les améliorations que vous avez apportés et indiquez comment ils ont aidé l'entreprise en termes d'augmentation des profits, de réduction des coûts ou d'amélioration de la production.

Variante

➲ *Votre société (ou votre service ou votre équipe) aurait-elle pu faire quelque chose pour mieux réussir ?*

Voici une réponse parfaitement acceptable :

> *« Certainement ! Nous aurions pu étendre notre gamme de produits, voire la doubler même, pour profiter de la supériorité de notre système de distribution. Mais nous n'avions pas le capital pour le faire et nous n'avons pu obtenir le financement nécessaire. »*

 Q: **Avez-vous déjà été responsable du budget, du contrôle des dépenses et de la vérification des objectifs financiers d'un service ? Êtes-vous très qualifié dans ce domaine ?**

Que veulent-ils entendre ?

Encore une fois, le fait d'avoir eu des responsabilités financières signale une certaine confiance de l'employeur envers vous. Si vous n'en avez eu que peu, voire pas du tout, dites-le. Mais, comme toujours, rien ne vous empêche d'être créatif dans votre façon de répondre. Voici un bon exemple :

> *« Bien, je n'ai jamais été responsable d'un service, mais j'ai dû établir et atteindre des objectifs financiers pour plusieurs projets dans lesquels j'ai été impliqué. En vérité, j'ai fait cela si souvent, que j'ai suivi un cours pour apprendre à monter et à utiliser des tableurs Microsoft Excel. »*

Si vous avez eu des responsabilités plus grandes, parlez de votre pouvoir d'approbation. Quel était le montant de dépense le plus élevé que vous pouviez approuver ? Faites connaître à l'intervieweur, en chiffres ronds, les revenus et les dépenses des services que vous avez dirigés.

Soyez prudent. Cette question est faite pour vous piéger si vous avez menti à la question précédente. « Hum ! Il dirigeait une équipe de 14 personnes, mais n'avait aucun budget à gérer ? »

Si vous répondez *oui*, attendez-vous à d'autres questions :
« Selon votre expérience, quels sont les obstacles les plus courants
que vous avez rencontrés lorsque vous deviez remettre des travaux
ou terminer des projets à temps et en respectant le budget ?
Donnez-moi un ou deux exemples et expliquez-moi comment vous
vous y êtes pris. »

Engager et licencier, sur le champ, oh ! mon Dieu !

 **Avez-vous déjà licencié quelqu'un ?
Pourquoi ?**

Que veulent-ils entendre ?

Même si vous aviez de bonnes raisons, vous savez que licencier
quelqu'un n'est jamais plaisant. Dites-le et donnez une version
« épurée » et brève des événements à l'intervieweur. Rappelez-
vous : vous ne voulez pas avoir l'air d'une personne négative, de
quelqu'un qui pourrait chambarder tout un service ni, non plus,
paraître *trop* empathique.

Vous devriez exprimer une certaine sympathie pour la ou les
personnes licenciées, mais aussi afficher que vous comprenez
que les affaires sont les affaires et qu'on doit, parfois, renvoyer
des employés. Mais, vous devez aussi montrer que vous pensez
qu'un licenciement, lorsqu'il est nécessaire, doit être fait comme
il faut, c'est-à-dire avec professionnalisme et compassion.

Feu vert

Disons que vous avez licencié une personne parce qu'elle
n'était pas assez productive. Vous pouvez penser : « Bon, je suis
content de m'être débarrassé de ce fainéant. Il n'était rien d'autre
qu'une mauviette et un pleurnichard qui n'a jamais donné une

bonne journée de travail quand il était à l'emploi de la société. »
Vous avez le droit de penser cela. Mais, lorsque vous ouvrirez la
bouche, dites quelque chose comme :

« Oui, j'ai dû licencier une personne dont le rendement était
très médiocre. Pendant plusieurs mois, nous lui avons exposé ses
carences et en avons discuté avec elle. Mais comme elle n'a montré
aucun signe d'amélioration pendant cette période, je n'avais pas
le choix. En tant que superviseur, je veux que toutes les personnes
de mon service soient productives. Hélas, tout le monde ne
s'investit pas également dans son travail. »

Si vous n'avez jamais licencié personne, voici une manière
de répondre :

*« Je n'ai, personnellement, jamais renvoyé personne,
mais l'entreprise avait pour politique de refuser toute
embauche ou tout licenciement unilatéral. On m'a
demandé à deux reprises de donner mon avis sur le
rendement d'un employé. Ce n'est jamais facile d'être
franc à propos des carences d'un collègue de travail, mais
je sentais que je devais faire ce qu'il y avait de mieux
pour le service et être juste avec tout le monde. »*

 ## Q: Avez-vous déjà embauché des gens ? Pourquoi les avez-vous choisis ?

Que veulent-ils entendre ?

Si vous avez embauché une ou plusieurs personnes au cours
de votre carrière, votre réponse pourrait ressembler à celle-ci :

« Oui, j'ai déjà embauché des gens. J'ai aussi décidé si des
postulants de l'interne méritaient une promotion dans mon
service. La première fois que j'ai engagé quelqu'un, je me suis
efforcé de vérifier toutes ses qualifications en me basant sur une
liste de contrôle.

« Depuis, j'ai toutefois appris que certains candidats qui se sont avérés d'excellents employés n'avaient pas nécessairement toutes les qualifications inscrites sur cette liste de contrôle. Ils ont fait plus que compenser ce qui leur manquait au départ par leur enthousiasme et leur volonté de travailler avec les autres. »

Mais que faire si vous n'avez jamais embauché personne ? Montrez à l'intervieweur que vous appréciez qu'il sonde votre potentiel pour la gestion et vos talents « d'interaction avec les autres », et essayez quelque chose comme :

« Je n'ai jamais vraiment engagé personne. Cependant, on m'a demandé à plusieurs reprises de parler à des postulants et de donner mon avis à leur sujet. J'ai alors essayé de savoir si la personne s'intégrerait bien à l'équipe et si elle pourrait s'entendre avec les autres membres du service. »

Commençons par le haut

La plupart des questions de ce livre s'adressent aussi bien à vous, qui désirez obtenir un poste de direction, qu'à une personne qui postule un emploi de réceptionniste. La seule différence est que l'intervieweur s'attendra à un niveau de réponse différent. Voici quelques questions auxquelles vous devez vous attendre si vous êtes interviewé pour un poste de directeur financier, de directeur de l'informatique ou, encore, de vice-président exécutif :

Parlez-moi de la dernière fois où on vous a chargé de régler un problème dans un secteur, un service, ou une division de l'entreprise.

Qu'avez-vous eu à affronter ? Qu'avez-vous fait ? Quel genre de culture d'entreprise avez-vous essayé d'établir ?

Combien de personnes avez-vous engagé et licencié ?

Quels objectifs avez-vous établis ?

Combien de temps avez-vous été en poste et quels ont été les résultats ?

Que veulent-ils entendre ?

Chaque question est conçue pour se faire une idée de votre philosophie de gestion ; de votre aptitude de concevoir de façon générale et d'appliquer de façon particulière des outils de gestion ; de votre capacité à favoriser la loyauté des employés et la cohésion des équipes et à partager des objectifs ; de votre capacité à créer et à produire sous pression ; de votre compétence à respecter le budget et (ou) générer des profits ; etc.

 ## Comment faites-vous pour rester bien informé ?

Que veulent-ils entendre ?

Un intervieweur peut chercher à obtenir les réponses à cette question de diverses manières. Voici quelques variantes parmi d'autres :

> ⊃ *Combien de réunions de service planifiez-vous ou à combien assistez-vous, chaque semaine ou chaque mois ?*

> ⊃ *Êtes-vous un habitué de la gestion itinérante ?*

> ⊃ *Passez-vous beaucoup de temps dans les bureaux de vos subordonnés à poser des questions ou attendez-vous qu'ils vous rapportent les problèmes ?*

[annotations manuscrites : il faut qu'il y ait le moins de problème qui arrive ...]

Toutes ces variantes sont plus précises que « Expliquez-moi votre philosophie de gestion », une question à laquelle un interviewé expérimenté peut répondre au moyen de citations éminentes du monde des affaires. Plus votre poste actuel est important et plus celui que vous postulez est de niveau « exécutif », plus il y a de chances que ce genre de questions vous soient posées, et plus il est important de bien y répondre.

Q: **Que faites-vous lorsque des subordonnés deviennent une partie du problème plutôt qu'une partie de la solution ?**

Que veulent-ils entendre ?

Cette question vous a déjà été posée autrement. L'intervieweur essaie de séparer les vrais meneurs d'hommes des « gestionnaires qui n'en ont que le titre », et cherche à établir avec précision si votre style personnel de gestion fonctionnera dans l'organisation.

Q: **Vous voyez ce tableau sur le mur ? Vendez-le moi.**

Ce peut aussi être une plume, un bureau, un presse-papiers ou tout autre objet. Je ne suis pas certain d'aimer cette question, même si elle ne devrait jamais surprendre une personne qui postule un emploi dans la vente. Je ne savais pas trop où placer cette question. Alors, nous dirons qu'elle convient ici, mais qu'elle aurait pu tout aussi bien se retrouver ailleurs...

Que veulent-ils entendre ?

Une des principales qualités d'un très bon vendeur, tout comme celle d'un excellent intervieweur, est sa capacité de poser les « bonnes » questions et d'écouter les réponses. Un bon candidat aux ventes commencera donc par poser une série de questions sur l'objet et sur les besoins de l'intervieweur.

Un de mes vieux amis, un vendeur étoile, m'a déjà dit que s'il pose suffisamment de questions, et surtout si celles-ci sont pertinentes, tout client éventuel finit par lui dire tout ce dont il a besoin pour conclure la vente.

Le test ultime pour un candidat à un pose de vendeur est, évidemment, de savoir s'il peut ou non vendre l'objet à l'intervieweur. Mais qu'en est-il d'un candidat qui n'est pas concerné par la vente ? Certains intervieweurs considéreront quand même cette question comme tout à fait valable, ne serait-ce que pour voir comment vous réagissez sous la pression. En effet, moins vous êtes axé sur la vente, plus cette question risquera de vous incommoder.

Astuces supplémentaires pour bien répondre aux questions sur le travail

⊃ **Soyez positif quant à vos raisons de quitter votre emploi actuel, et tous vos emplois antérieurs d'ailleurs.** Le mot-clé à retenir est « plus ». Vous voulez plus de responsabilités, plus de défis, plus de possibilités et, enfin, plus d'argent. Cependant, n'insistez pas sur l'argent, sinon comme une conséquence naturelle des autres « plus ».

⊃ **Si vous avez été licencié, insistez sur ce que vous avez retenu de cette expérience.** Soyez aussi positif que possible.

⊃ **Quantifiez la confiance que les autres employés mettaient en vous.** Faites cela en parlant de faits précis, de chiffres, de réalisations mesurables. Mentionnez le nombre d'employés sous vos ordres, les sommes d'argent que vous contrôliez, les gains réalisés par le service sous votre direction, etc.

⊃ **Ne parlez jamais en mal de vos supérieurs ou de vos employeurs précédents.** C'est la pire chose à faire. Vous ne voulez mettre en évidence que le positif, pas vrai ?

⊃ **Faites de l'emploi en vue votre principal objectif.** Présentez vos réponses de manière à faire savoir à l'intervieweur que vous voyez cet emploi comme un moyen d'atteindre vos objectifs ultimes de carrière. Faites attention de ne pas faire passer l'emploi en question pour une simple étape de votre carrière ou un refuge temporaire.

Chapitre 7

Un coup d'oeil sur votre dernier emploi, si vous le permettez !

Que vous ayez travaillé 20 ans ou 20 jours, il tout à fait naturel que l'intervieweur se concentre sur votre dernier emploi. Même s'il s'agit du plus court que vous ayez occupé ; même si vous avez travaillé plusieurs années dans une autre entreprise et n'êtes à votre poste actuel que depuis quelques mois. Pourquoi ? Parce que, à ses yeux, l'emploi le plus récent est le meilleur témoin de ce que vous pouvez faire *ici et maintenant*. *qui suis je ici maintenant*

Pourquoi pensez-vous quitter votre emploi actuel ?

Que veulent-ils entendre ?

Personne, évidemment, ne veut quitter un emploi tout à fait satisfaisant, sauf peut-être certains irréductibles qui se présentent régulièrement à des entrevues d'embauche pour se tenir au fait des perspectives du marché du travail ou, simplement, pour garder la main. Dans tous les cas, la dernière chose à faire est de paraître négatif ou, pire, de parler en mal de votre employeur actuel.

L'intervieweur pensera, à tort ou à raison, que si vous êtes embauché, vous ne tarderez pas à être aussi désobligeant envers vos supérieurs.

N'exprimez donc votre insatisfaction – si c'est votre principale motivation – qu'avec précaution. Plus vous êtes mécontent, plus vous devez faire attention quand vous en parlez. Confesser à l'intervieweur que vous rêvez chaque nuit d'engager un tueur à gages pour vous débarrasser de votre employeur actuel ne pourra que vous nuire. Recourez plutôt à ce que les conseillers en gestion appellent de « l'imagerie mentale ». Essayez de visualiser la prochaine étape de votre carrière, en l'idéalisant le plus possible, puis agissez comme si on vous interviewait pour cet emploi.

Disons que vous souhaitez avoir plus de responsabilités en gestion financière, vous pourriez ainsi dire à l'intervieweur :

> « *Il y a beaucoup de choses que j'aime dans mon emploi actuel. Cependant, les possibilités d'avancement en gestion financière y sont limitées, à cause de la petite taille de l'entreprise et de l'absence de plan stratégique pour une croissance à court terme.* »

 Feu vert

À moins d'avoir été congédié ou mis à pied, vous devriez faire savoir à l'intervieweur que vous êtes là seulement parce que vous souhaitez plus de responsabilités ; un défi plus grand ; de plus grandes possibilités d'avancement et même une meilleure rémunération, et non parce que vous voulez absolument quitter votre emploi.

Mettez de l'avant votre désir « d'avancer » plutôt que celui de vous « éloigner » de votre employeur actuel.

Évitez tout commentaire personnel ou négatif à propos de vos collègues de travail, de vos supérieurs ou des politiques de l'entreprise.

Feu rouge

Des commentaires négatifs, aussi pénible puisse être votre situation professionnelle actuelle. (De fait, plus vous apparaîtrez relativement satisfait, malgré des conditions de travail clairement déplorables, plus les intervieweurs vous accorderont de points.)

Un empressement à accepter un emploi d'égale valeur, voire une rétrogradation, uniquement pour quitter votre emploi actuel. À moins que vous changiez complètement d'orientation, un tel empressement à fuir plutôt qu'à avancer me ferait réfléchir. Que cachez-vous ? S'agit-il d'un ultime effort pour quitter votre poste avant qu'on ne vous « balaie » ? Qu'en est-il de votre capacité à « endurer » une situation difficile ? insatisfaisante ? jusqu'à l'arrivée de jours meilleurs ? Ma société ne serait-elle qu'un passage avant qu'un emploi plus intéressant ne se présente ?

Un candidat qui avoue passer des nuits blanches à fomenter des complots destinés à « punir » son patron actuel.

Variante

⊃ *Qu'est-ce qui freine votre avancement dans votre emploi actuel ?*

Q: **Où votre patron croit-il que vous êtes en ce moment ?**

Que veulent-ils entendre ?

Si vous avez reçu un préavis de licenciement ou êtes sur le point d'être mis à pied, votre patron devrait savoir que vous passez des entrevues. Cependant, il est plus probable que vous êtes encore employé. Ne répondez jamais quelque chose qui ressemblerait à : « Mon patron sait que je suis en entrevue chez vous pour pouvoir quitter ce trou d'enfer. À propos, il devrait vous appeler demain, parce qu'il tente lui-même de se dénicher un nouvel emploi. » Essayez d'obtenir un rendez-vous durant la pause du midi, après le travail ou lors d'une journée de congé ou de vacances. Personnellement, je n'aime pas qu'un candidat me dise qu'il a pris une journée de maladie pour venir au rendez-vous. C'est un « mensonge pieux », mais un mensonge quand même.

Feu vert

Dites la vérité, quelle qu'elle soit. De nombreux intervieweurs vous accorderont des points si vous démontrez votre sens des responsabilités face à votre emploi actuel, en demandant que l'entrevue se tienne à l'heure du petit déjeuner ou de la pause du midi ou encore après les heures de travail.

Feu rouge *loyauté envers l'emp. actuel*

Un mauvais point pour vous, si vous avez menti ouvertement ou si vous avez montré par des signes extérieurs que la question vous dérangeait, ce qui laisse croire que vous avez menti.

Un autre mauvais point, si vous ne montrez pas ou peu de loyauté envers votre employeur actuel. Après tout, c'est lui qui vous donne votre chèque de paie, peu importe que la société ait des principes de gestion éclairés ou despotiques.

Q: Travaillez-vous encore pour le dernier employeur mentionné dans votre curriculum vitae ?

Que veulent-ils entendre ?

Vous connaissez sans doute l'adage voulant qu'il soit toujours plus facile de trouver un emploi quand on en a déjà un. En effet, bon nombre d'intervieweurs pensent, à tort ou à raison, qu'un travailleur est un candidat plus intéressant qu'un chômeur, même si ce dernier est plus qualifié. Le fait d'avoir été licencié ou mis à pied constitue un handicap à leurs yeux. J'ai même déjà entendu un recruteur de cadres dire : « Ah ! Il doit y avoir un problème avec cette personne pour qu'elle ait été licenciée. Les employeurs ne se débarrassent jamais de leurs bons employés ! » Je voudrais bien que ce soit vrai !

Un fait demeure : les mises à pied massives sont monnaie courante, même s'il y en a moins que par le passé. Nombre de bons travailleurs loyaux ayant contribué de manière significative à la réussite de leur entreprise – et pourraient le faire tout autant pour une autre – doivent avouer qu'ils ont été licenciés. Je suis personnellement convaincu qu'il n'y a aucune honte à avoir été licencié et je traite ces candidats avec la même déférence que les autres. Toutefois, je ne peux vous assurer que tous les intervieweurs pensent ainsi.

Que faire si vous avez été congédié ? Essayez de vous sortir rapidement et diplomatiquement de cette difficulté en transformant une expérience potentiellement négative en quelque chose de positif.

Examinons le cas de Nicolas. Directeur des ventes dans un hôtel, Nicolas a eu la mauvaise fortune de travailler pour un patron tyrannique qui traitait tous ses employés de façon impitoyable en public.

Un jour, Nicolas en a eu assez. Il rétorqua vivement à son patron et fut renvoyé sur le champ. Quelque temps plus tard, lors d'une entrevue pour un poste analogue dans un autre hôtel, on lui demanda quel était son statut. Il répondit carrément : « J'ai été congédié. »

Quand l'intervieweur abasourdi lui demanda de s'expliquer, Nicolas répondit :

« Je ne m'entendais pas bien avec mon patron, et j'admets que je ne maîtrisais pas bien la situation.

Je comprends tout à fait l'importance des rapports d'intervention et des relevés périodiques ainsi que des autres procédures de gestion des ventes. Je crois que j'ai interprété certaines demandes urgentes de mon supérieur à ce sujet comme un manque de confiance à mon égard alors que je n'aurais pas dû. J'ai appris ma leçon. »

Feu vert

Parlez moins des raisons de votre départ et davantage de ce que vous avez retiré de cette expérience.

Si vous avez été mis à pied ou, comme les Britanniques le disent si bien, « licencié pour cause économique », vous n'avez pas à vous en excuser. Vous pouvez dire quelque chose comme : « Oui, j'ai été une des 16 personnes licenciées quand les ventes ont chuté ». C'est une manière habile de vous en sortir, dans la mesure où vous ne faisiez pas partie de l'équipe des ventes !

Feu rouge

Comme toujours, ne soyez pas négatif. (« Oui, j'ai été mis à pied à cause de mon âge. Attendez qu'ils entendent ce que mon avocat leur dira à propos de la discrimination fondée sur l'âge. Ils vont le payer cher ! »)

Un mauvais point pour vous si vous avez été congédié pour une bonne raison, surtout si vous refusez d'admettre votre responsabilité ou d'expliquer en détail ce que vous avez fait pour corriger le problème. Des criminels célèbres, comme Mike Tyson (le boxeur), peuvent avoir deux ou trois chances, voire davantage, de faire encore des millions après avoir écopé d'une peine de prison, mais la plupart des intervieweurs sont réticents à embaucher une personne qui a été congédiée pour vol, alcoolisme au travail, avoir menacé son patron ou toute autre offense aussi sérieuse.

Jouons au chat et à la souris

 Q: Décrivez-nous l'organisation de votre service. De plus, quel est le titre de votre supérieur ? Quelles sont, précisément, ses responsabilités ?

Que veulent-ils entendre ?

Avez-vous bien compris ? Si vous avez nettement exagéré dans la description de vos fonctions et responsabilités, quant au poste que vous occupez, vous risquez de vous retrouver rapidement à la porte.

Cette question vise à clarifier ce que vous faites réellement et prépare le terrain pour d'autres questions visant à savoir pourquoi vous avez exagéré (si vous n'avez pas déjà été reconduit à la porte), par exemple : « Comment pouvez-vous faire cela alors que vous venez de dire que c'est la tâche principale de votre supérieur ? »

 Feu vert

- Décrire des fonctions et des responsabilités qui concordent avec celles présentées dans votre curriculum vitae.
- Décrire des fonctions et des responsabilités qui correspondent à l'emploi en vue.
- Fournir des réponses qui collent à vos réponses antérieures, en matière d'expérience de travail. Plus elles seront détaillées, plus il sera facile pour l'intervieweur de voir ce qui cloche et de vous demander, alors, pourquoi elles ne concordent pas avec vos affirmations précédentes.
- Une explication claire du fonctionnement de votre service, division ou entreprise. Celle-ci complète l'information contenue dans votre curriculum vitae et vient confirmer que vous avez effectivement fait ce que vous prétendez. Par ailleurs, tout intervieweur prend des notes afin de pouvoir facilement vérifier vos affirmations et vos contradictions.

Feu rouge

Une explication imprécise qui laisse à penser que vous la fabriquez au fur et à mesure.

Des contradictions frappantes entre votre curriculum vitae ou vos réponses antérieures.

Oublier d'inclure une responsabilité ou une fonction majeure que vous avez indiquée plus tôt, surtout si elle est importante pour l'emploi en vue.

Présenter un schéma d'organisation qui ne fait ni queue ni tête pour l'intervieweur. Si vous avez l'expérience de diverses entreprises, il est fort probable que vous avez connu différents modèles d'organisation et styles de gestion. Vous êtes donc à même de démasquer facilement les descriptions fantaisistes de structures trop hiérarchisées ou accordant une trop grande liberté à des employés subalternes.

Colombo sur le sentier de la guerre

Q: **Parlez-moi d'une journée type à votre dernier emploi. Combien de temps passez-vous au téléphone ? en réunion ? à bavarder ? à travailler seul ? à travailler en équipe (ou avec d'autres personnes) ?**

Que veulent-ils entendre ?

Là encore, les intervieweurs cherchent à obtenir le détail qui confirmera quelques-unes de vos affirmations antérieures (sur vos responsabilités, sur vos fonctions et même sur les aspects de votre travail que vous préférez) ou indiquera que vos déclarations étaient mensongères ou légèrement exagérées.

Variantes

➲ *Dites-moi ce que vous faites pendant la première et la dernière heures d'une journée type de travail. À quelle heure arrivez-vous ? À quelle heure partez-vous ?*

➲ *Dites-moi quelles sont les responsabilités que vous avez l'habitude de déléguer. Croyez-vous déléguer trop ou pas assez de tâches ? Pourquoi ? Qu'est-ce qui vous empêche de changer cela ?*

➲ *Combien d'heures devez-vous travailler par semaine pour vous acquitter de vos obligations ?*

➲ *Quelle est, pour vous, la partie la plus importante de votre travail actuel ? Et pour votre employeur, qu'en est-il ?*

  Depuis combien de temps cherchez-vous un emploi ?

Que veulent-ils entendre ?

À moins que vous ayez été congédié ou mis à pied, vous devriez toujours dire que vous venez tout juste de commencer à chercher. Si vous croyez que l'intervieweur a les moyens d'apprendre que vous cherchez de l'emploi depuis un certain temps (peut-être avez-vous été référé à lui par un recruteur qui connaît votre histoire ?), soyez prêt à expliquer pourquoi, à ce jour, vous n'avez reçu ou accepté aucune offre d'emploi.

De nombreux intervieweurs pensent, à tort ou à raison, que plus vous passez de temps à chercher, moins vous êtes intéressant comme candidat. Personnellement, je ne suis pas d'accord. Pourquoi une personne en recherche d'emploi depuis un, deux ou trois mois serait-elle moins indiquée qu'un employé qui vient tout juste d'être mis à pied et qui porte encore sous sa chemise le tee-shirt de son entreprise ? Il est utopique de penser que toute personne qui cherche un emploi puisse en trouver un du jour au lendemain, quel que soit l'état du marché du travail (le plein emploi ou un taux de chômage élevé). Il est encore plus irréaliste de ne pas considérer que les candidats les plus qualifiés voudront choisir un emploi dans une société où ils se sentiront « chez eux ».

Quoi qu'il en soit, préparez-vous à transiger avec des intervieweurs moins compréhensifs que moi.

 Pourquoi n'avez-vous pas encore reçu d'offre d'emploi ?

Que veulent-ils entendre ?

Vous êtes aussi exigeant pour trouver l'emploi de vos rêves que l'intervieweur l'est pour embaucher le candidat idéal. Si vous avez déjà refusé une offre ou deux, vous pouvez dire :

> *« J'ai déjà eu une offre, mais elle ne me convenait pas. Je suis bien content de l'avoir refusée, car j'ai maintenant la chance de pouvoir obtenir l'emploi que vous proposez. »*

Il est toutefois important de dire la vérité, car la prochaine question de l'intervieweur, selon toute logique, pourrait être :

Qui vous a fait une offre ?
Pour quelle sorte de poste ?
À quel salaire ?

Que veulent-ils entendre ?

Si vous avez menti, vous êtes dans l'eau bouillante ! Certains intervieweurs considèrent qu'un *mensonge* dans cette circonstance est un *prétexte* valable pour mettre fin à l'entrevue.

De nombreux intervieweurs connaissent très bien leurs concurrents et les postes qu'ils cherchent à combler. Si vous avez dit la vérité, donnez le nom de la société.

Il est important d'indiquer que le poste refusé est très peu semblable à celui que vous postulez. Après tout, si l'emploi que vous postulez est parfait pour vous, comme vous l'avez mentionné à quelques reprises à l'intervieweur, pourquoi seriez-vous intéressé à un emploi différent chez un concurrent ?

 Si vous ne quittez pas votre emploi actuel, que se passera-t-il ? Quel avancement attendez-vous ?

Que veulent-ils entendre ?

Êtes-vous si désespéré de quitter votre emploi actuel que vous êtes prêt à tout pour obtenir celui-ci ? Si tel est le cas, cela ne fait pas de vous un candidat de choix aux yeux de la plupart des intervieweurs, loin de là. Pourquoi vous sauverait-on vous plutôt qu'un autre ?

Rappelez-vous l'adage : « Il n'y a pas de meilleur moment pour chercher un nouvel emploi que celui où vous êtes satisfait du travail que vous avez ». Même si vous préféreriez vendre des arachides au stade olympique que continuer à travailler chez Bébelles inc., essayez de convaincre l'intervieweur que vous êtes le genre d'employé qui s'en tire bien dans toutes les situations, même dans un poste qu'il désire quitter.

Vous pourriez dire :

> « *Bien sûr, je suis intéressé par cet emploi et je pense quitter Bébelles inc. Toutefois, mes supérieurs ont une haute opinion de moi et je m'attends à ce qu'une situation s'y présente un jour pour moi. Je suis un des meilleurs vendeurs de la compagnie et j'ai déjà vu des personnes aussi productives que moi atteindre des postes de cadre. C'est ce que je recherche en ce moment.* »

Quels que soient vos sentiments sur votre emploi actuel, il est toujours préférable de mener votre partie de l'entrevue comme si vous étiez en ballade au volant de votre auto et qu'en cours de route, vous vous rendiez compte que changer de voie donnerait un nouvel élan à votre carrière. Vous n'êtes certainement pas intéressé à quitter l'autoroute à la prochaine sortie, sans savoir où cela vous mènera ?

Commencez vos réponses par cette phrase : « Bien, dans l'éventualité où je ne serais pas le meilleur candidat pour ce poste... » Sans trop gonfler votre *ego*, laissez savoir à l'intervieweur que vous prenez votre temps. Vous êtes intéressé à choisir un emploi qui vous convient.

Feu vert

Si vous pouvez affirmer (ou affirmez) que vous progresserez quand même et obtiendrez plus de responsabilités dans votre emploi actuel, mais peut-être trop lentement à votre goût ou sans une compensation adéquate.

Si vous êtes capable de montrer que votre employeur actuel, sans que ce soit votre faute, ne pourra garder ses cadres ou les payer à leur juste valeur pour des raisons évidentes comme : une fusion imminente, une faillite, des problèmes financiers, la perte d'un client ou d'un produit important. Votre motif pour quitter l'entreprise est clair et justifiable ; votre avenir y est plutôt sombre, toujours sans que vous en soyez responsable.

Feu rouge

Un commentaire négatif du genre : « Je doute que je passerai la semaine. Le vieux rapace va probablement me congédier après le dîner. »

Toute réponse indiquant des problèmes dont vous êtes en partie responsable, par exemple : « Bien, les ventes ont chuté de 10 % dans le secteur, mais sur mon territoire la baisse est de 72 %. Ce n'est pas de *ma* faute si tous ces commerces de détail ont fait faillite ! »

Bien, hum, euh, je ...

Même si c'est une bonne idée de convaincre votre employeur potentiel que le monde, pour vous, est une huître dans laquelle vous cherchez la perle des emplois, ne soyez pas trop surpris s'il vous bombarde de questions semblables à celles qui suivent.

 Q: Si vous êtes si heureux dans votre emploi actuel, pourquoi voulez-vous quitter l'entreprise ? Vos employeurs seront-ils surpris ?

Que veulent-ils entendre ?

Vous avez des raisons de croire que l'entreprise où vous travaillez va faire faillite d'un moment à l'autre ou vous partez parce que vous venez de rompre vos fiançailles avec votre plus proche collègue de travail. S'il-vous-plaît, ne pleurez pas sur l'épaule de l'intervieweur.

Ne lui donnez pas l'impression que vous fuyez ! Vous avez pris la décision d'avancer :

⊃ pour avoir plus de responsabilités ;

⊃ pour acquérir plus de connaissances ;

⊃ pour profiter de la formidable occasion offerte par sa société.

Variantes

⊃ *Qu'est-ce qui devrait changer dans votre emploi actuel pour le rendre supportable ?*

> ⊃ *Qu'avez-vous dû changer en vous pour vous adapter aux changements chez votre employeur actuel, en termes de comportement, de compétences, de philosophie ou de fonctions ?*

 Q: **Si votre employeur vous estime tant, pourquoi ne lui avez-vous pas parlé de votre mécontentement à propos de votre travail, de votre patron ou de l'entreprise?**

Que veulent-ils entendre ?

L'intervieweur essaie de vous amenez à vous pendre avec votre propre corde. Quel maître de la résolution de problèmes vous faites ! Vous n'aviez même pas parlé à votre patron de changements qui pourraient vous rendre plus heureux au travail !

Si vous vous trouvez ainsi coincé, acculé au pied du mur, la seule issue possible est d'être aussi positif que possible. Dites quelque chose comme :

> *« Tout le monde est au courant de mon désir d'avancement, mais l'entreprise est petite. L'équipe de gestionnaires est formidable ; je n'ai donc aucune raison d'ajouter à leurs soucis en ce moment. Ils sont conscients des problèmes que la situation occasionne auprès des bons travailleurs. C'est un fait d'ailleurs dont on parle librement dans l'entreprise. »*

Variantes

> ⊃ *Si vous pouviez retrancher une tâche ou une responsabilité de votre emploi actuel, laquelle serait-ce ? Pourquoi ?*

> ⊃ *Si vous pouviez faire une remarque ou une suggestion à votre patron actuel, quelle serait-elle ? Avez-vous déjà fait quelque chose du genre ? Pourquoi ?*

Oh ! vous devez avoir des amis !

 ## Comment vos collègues de travail vous décriraient-ils ?

Que veulent-ils entendre ?

Bien sûr, vos collègues pensent que vous avez bon caractère et que vous savez travailler en équipe. Après tout, vous avez constaté que « l'union fait la force » quand vient le temps de régler un problème.

Une fois de plus, l'inventaire personnel, que vous avez dressé au chapitre 1, vous sera d'un précieux secours. Choisissez des mots dans les listes intitulées « Mes compétences les plus solides », « Mes connaissances les plus développées », « Mes traits de personnalité les plus intéressants » et « Les choses dans lesquelles j'excelle », et mettez-les dans la bouche de vos collègues de travail et de vos amis.

Variantes

> ⊃ *Quels sont les cinq adjectifs que votre dernier patron utiliserait pour vous décrire ?*

> ⊃ *Votre supérieur faisait-il des évaluations efficaces ?*

> ⊃ *Avez-vous bien réussi lors de votre dernière évaluation ?*

> ⊃ *Quelles grandes forces et faiblesses votre supérieur a-t-il soulignées ?*

> ➲ *Comment votre dernier patron s'y est-il pris pour obtenir votre meilleur rendement ?*

> ➲ *Qu'avez-vous dit et fait la dernière fois que vous aviez raison et que votre patron avait tort ?*

Ne sommes-nous pas déjà passés par là ?

 Donnez-moi des exemples précis de ce que vous avez fait dans votre emploi (actuel ou dernier) pour augmenter les revenus, réduire les coûts, être plus efficace, sauver des énergies, etc.

Que veulent-ils entendre ?

Cette question est liée aux questions antérieures portant sur la responsabilité budgétaire et l'organisation de votre service actuel. Les intervieweurs avisés pensent qu'il est judicieux, après une ou deux questions, de passer à un sujet différent pour y revenir plus tard. De nombreux candidats qui avaient réussi à éviter les écueils des premières questions, peuvent être pris en flagrant délit d'exagération, lorsque l'intervieweur revient ultérieurement sur le sujet au lieu de le traiter d'un trait.

J'voudrais 10 semaines de vacances, m'sieur !

 Que pensez-vous qu'un employeur doit à son employé ?

Que veulent-ils entendre ?

Cette question est insidieuse. Elle n'est pas, et je répète *n'est pas*, une invitation à discuter des avantages sociaux dont vous aimeriez bénéficier.

Ne vous égarez pas dans une discussion philosophique sur les obligations morales de l'employeur envers ses employés. Ne parlez pas, non plus, de ses responsabilités légales. Essayez de recentrer l'attention de l'intervieweur sur votre point de vue positif et répondez le plus brièvement possible.

> *« Je pense qu'un employeur doit donner à ses employés l'occasion d'évoluer. Pour mon prochain poste, j'espère avoir la chance de gérer des projets de manière enrichissante. »*

Si l'intervieweur cherche à obtenir une réponse plus précise sur un sujet délicat, comme votre opinion quant à l'information qu'un employeur devrait partager avec ses employés ou l'importance de la masse salariale, vous pouvez répondre ainsi :

> *« J'espère que mon employeur me respectera comme employé et qu'il respectera aussi toute entente négociée entre nous. Je suis toutefois conscient qu'il y a des moments où les organisations doivent prendre de graves décisions qui exigent la confidentialité et peuvent affecter les employés. Les affaires sont les affaires. »*

Si les porcs pouvaient voler et ...

Les questions hypothétiques, du genre « qu'arriverait-il si... ?, constituent le fondement d'une entrevue de mise en situation. L'intervieweur évoque une série de situations, réelles ou imaginaires, destinées à vérifier si le candidat possède les ressources, la logique, la créativité et la capacité de réfléchir dans un contexte stressant. Pourquoi de telles pressions ? Même le candidat le plus aguerri ne peut se préparer à *ces fameuses questions !*

Les questions des entrevues de mise en situation peuvent se présenter sous diverses formes et dans différents styles. Je ne vous en donne ici que quelques exemples, mais une fois que vous aurez compris de quoi il en retourne, essayez d'être plus malin que l'intervieweur. Si vous avez une description de tâches de l'emploi postulé, servez-vous de votre imagination pour prévoir un certain nombre de situations susceptibles de survenir lorsque vous serez en poste.

 **Votre supérieur est parti pour toute la semaine en vous confiant, par écrit, une tâche urgente.
Vous ne pouvez le rejoindre et vous ne comprenez pas bien la mission.
Que feriez-vous alors ?**

Que veulent-ils entendre ?

L'intervieweur essaie de vérifier si vous respectez correctement la hiérarchie et les échéances. Dans une entreprise plus dynamique, ce peut aussi être un moyen de voir si vous êtes prêt à prendre des décisions, s'il le faut, même si, inévitablement, vous commettrez des erreurs.

S'il n'y avait vraiment aucun moyen de rejoindre votre patron ni de lui laisser un message dans sa boîte vocale ou dans son courriel, vous prendriez votre courage à deux mains et consulteriez le supérieur de votre patron.

Vous présenteriez bien sûr la chose d'une manière propre à ne pas porter ombrage à votre patron, en expliquant à son supérieur que vous n'avez pas eu l'occasion de vous rencontrer pour discuter de la mission avant son départ du bureau. Par ailleurs, comme vous n'êtes pas encore familier avec les procédures de la firme, vous voulez simplement vous assurer que vous comprenez bien la tâche pour la commencer le plus rapidement possible.

 Le candidat sélectionné pour le poste travaillera avec des personnes hautement qualifiées et à l'emploi de la société depuis plusieurs années. Comment vous intégrerez-vous dans l'équipe ?

Que veulent-ils entendre ?

En votre qualité de nouvelle recrue, votre réponse doit démontrer votre ardent désir d'apprendre au contact de vos futurs collègues de travail. Vous ne voulez surtout pas soulever de doutes quant aux réactions que vous susciterez chez vos nouveaux compagnons de travail. Alors, faites sentir que même s'il est vrai que vous apporterez quelque chose à l'équipe (des compétences, des connaissances, vos propres idées), vous savez fort bien que vous avez beaucoup à apprendre des gens avec qui vous travaillerez. Dites cela, même si, au fond de vous, vous pensez que ces gens forment probablement un groupe de « vieilles noix » et que vous avez bien hâte de monter à bord pour leur faire la leçon.

Votre supérieur vous demande de faire quelque chose que vous savez être une erreur. Que faites-vous ?

Que veulent-ils entendre ?

C'est une question difficile à laquelle vous pouvez néanmoins répondre de cette manière :

> *« Dans une telle situation, même le meilleur des employés risque de paraître insubordonné. Je proposerais donc mon alternative à mon supérieur de la façon la plus polie possible. Mais s'il insistait pour dire que j'ai tort, je pense que je devrais suivre ses ordres. »*

Si vous étiez l'objet d'une critique injustifiée de la part de votre supérieur, que feriez-vous ?

Que veulent-ils entendre ?

Chacun peut se rappeler d'une occasion, dans sa carrière, où une erreur est survenue dans un contexte particulièrement stressant. Peut-être avez-vous été blâmé plus que de raison cette fois-là ?

Peut-être avez-vous été pris dans une situation hors de votre contrôle ? Quoi qu'il en soit, votre patron vous a fait des remontrances. Il y a cependant de fortes chances que votre patron et vous-même ayez passé l'éponge et que vous vous soyez assuré de ne plus jamais répéter la même erreur.

Vous pourriez répondre à la question en parlant d'une telle expérience. Vous n'êtes pas obligé de choisir l'événement le plus perturbateur de votre carrière pour illustrer votre propos. Les erreurs les plus simples suffisent amplement à démontrer votre point. Par exemple :

> *« Au cours de ma carrière, il m'est arrivé d'être tenu responsable d'erreurs que je ne pensais pas avoir commises. Mais peu importe à qui la faute, un problème est un problème et vous n'avez pas à en être la cause pour le résoudre. Le plus important est d'y faire face.*
>
> *« Lorsqu'il est arrivé que le problème soit significatif, j'ai par après expliqué mon point de vue à mon supérieur. J'ai attendu que la question soit résolue et l'atmosphère plus détendue pour le faire. »*

 Aimeriez-vous avoir l'emploi de votre patron ?
Que vous disiez oui ou non,
expliquez votre réponse.

Que veulent-ils entendre ?

Quelle que soit votre réponse, elle en dira long sur vous à l'intervieweur. Soyez donc prudent, car c'est une manière indirecte de savoir si vous désirez ou non être promu.

Commençons par la première partie de la question. Si vous répondez « oui », c'est que vous êtes ambitieux et intéressé par l'avancement professionnel. Si vous répondez « non », cela suppose des doutes ou des réserves, au moins à propos du poste en jeu.

La seconde partie de la question est plus corsée. Par exemple, s'il est évident que les promotions vous intéressent mais que l'emploi que vous postulez n'offre pas de possibilités directes d'avancement, l'intervieweur peut penser que vous allez être déçu. D'un autre côté, le fait d'exprimer des réserves sur l'avancement professionnel au sein d'une organisation hautement concurrentielle peut vous mettre immédiatement en dehors de la course.

Vous devriez faire deux choses pour vous préparer à cette question. Premièrement, dans le cadre de votre recherche préparatoire, renseignez-vous sur la culture de l'entreprise et les chances d'avancement. Essayez d'être au courant de ces possibilités lorsque vous vous présentez à l'entrevue.

Deuxièmement, connaissez votre vraie réponse à cette question. Peut-être, êtes-vous prêt, désireux et pressé d'avancer et de prendre la place de votre patron. Il se peut aussi que vous trembliez à l'idée d'occuper un poste de gestionnaire avec des responsabilités dans le domaine des ressources humaines. Le dicton « Connais-toi toi-même » est de mise ici, car si vous êtes engagé, votre réponse pourrait revenir vous hanter.

Enfin, formulez votre réponse à partir des conclusions que vous avez tirées des deux parties de la question. Idéalement, si elle est sincère, elle plaira à l'intervieweur. Si vos aspirations sont incompatibles avec les possibilités offertes, vous pouvez compenser, à vos risques et périls, en donnant une réponse adaptée aux attentes de l'intervieweur. Quoi que vous répondiez, soyez *positif*.

> *« En temps et lieux, j'aimerais occuper le poste de mon patron. Je suis surtout intéressé par les relations avec les fournisseurs et les aspects promotionnels de la vente. »*
>
> *« L'avancement professionnel m'intéresse beaucoup, mais les responsabilités de mon patron actuel portent surtout sur la gestion du rendement du service. Avec le temps, j'espère être promu à un poste où les principales responsabilités concerneront la qualité du design. »*
>
> *« Je suis prête à prendre plus de responsabilités, mais j'aime l'autonomie qu'offre un poste dans les ventes. De plus, j'aime beaucoup le contact avec la clientèle. Mon patron est surtout responsable de superviser les activités et le personnel du service. Si j'occupais ce poste, les relations avec les clients me manqueraient. »*

Comment briller dans toute entrevue de mise en situation

⊃ **Admettez qu'une situation difficile vous rendrait nerveux.** Vous pourriez même paniquer momentanément. Aucun intervieweur n'est intéressé par un candidat prêt à foncer tête baissée à tout moment, sans penser aux conséquences ou aux alternatives. Ils savent que la nervosité fait monter l'adrénaline, laquelle, à son tour, nourrit la créativité.

⊃ **Donnez-vous un moment de réflexion avant de répondre.** Cela montre que vous ne foncez pas tête baissée, comme un taureau enragé, mais que vous réfléchissez avant d'agir. Vous prenez le temps d'évaluer les alternatives et de choisir la meilleure route.

⊃ **Évitez l'exagération.** Quelle que soit la technique d'entrevue, n'exagérez pas et évitez la tentation de fabriquer une réponse artificielle.

⊃ **Montrez que vous avez le sens des réalités.** Avouez que vous avez beaucoup de choses à apprendre sur l'entreprise et le poste. Cette approche est beaucoup plus efficace que d'essayer de vous présenter comme un « sauveur ».

⊃ **Planifiez d'avance vos réponses à différentes mises en situation.** Prenez pour acquis que quelques-unes de ces questions porteront sur les connaissances et les compétences qu'il vous reste à développer. Amassez donc le plus d'information possible sur les sujets que vous ne connaissez pas bien. De plus, inventez-vous une stratégie pour trouver les renseignements ou les ressources qui vous font actuellement défaut.

Chapitre 8

Pourquoi cet intérêt pour notre entreprise ?

Dans la plupart des combats de boxe en titre, les premières reprises sont plutôt ennuyeuses. Les boxeurs passent leur temps à se surveiller, en mettant à l'épreuve les feintes et les coups droits de leur adversaire. Ce n'est que plus tard que les boxeurs vont se ruer l'un sur l'autre.

On peut dire la même chose, en général, des intervieweurs. Après la première cloche, les civilités commencent. La seconde cloche indique la période de questions qui visent à connaître le candidat ; c'est le second round. Ensuite, si l'intervieweur pense que ça en vaut la peine, il se rue sur vous avec une série de questions destinées à séparer les « gros balourds » des véritables prétendants au titre.

Si vous avez répondu avec confiance à plus ou moins une douzaine de questions, vous êtes rendu à cette étape du combat. Les questions à développement sont choses du passé. Si vous voulez tenir jusqu'à la fin, vous devez démontrer vos véritables connaissances.

 Que savez-vous de notre entreprise ?

Que veulent-ils entendre ?

Croyez-le ou non, plusieurs candidats croient que cette question n'est qu'un moyen de briser la glace ; ils répondent : « rien ».

Ne voyez-vous pas venir la suite ? Après tout, pourquoi iriez-vous à l'un des rendez-vous les plus importants de votre vie avec si peu de préparation ? Et maintenant, vous l'admettez ?

Je vous avais dit de bien faire votre devoir (vous me dites que mes exhortations vous embêtent). C'est ici que votre travail de recherche vous servira le plus, dans la mesure où vous l'avez bien fait. Introduisez quelques faits saillants et positifs sur l'entreprise, et renvoyez la balle dans le camp de l'intervieweur en posant une question qui montre votre intérêt pour le poste. Par exemple :

> *« Ça alors, quelle croissance a votre entreprise ! N'aie-je pas lu récemment que vous avez connu une croissance à deux chiffres pendant sept années consécutives ? J'ai également lu dans votre rapport annuel, que vous planifiez créer une nouvelle ligne de produits dans un futur rapproché. J'ai sauté sur l'occasion pour postuler un emploi chez vous. Pouvez-vous m'en dire plus sur cette division et ce poste ? »*

Feu vert

Toute réponse qui démontre que vous avez fait une bonne recherche de préparation à l'entrevue, constitue un bon point pour vous. Plus vous paraissez informé, plus vous avez de chance de vous retrouver en tête de liste des candidats intéressants.

C'est encore mieux, si vous fournissez une réponse détaillée témoignant de l'envergure de votre recherche sur l'entreprise ; c'est-à-dire, qui montre que vous connaissez aussi bien son rapport annuel que son site Internet et que vous êtes très au fait des produits et services qu'elle offre. Faire référence à un article de journal qui fait mention de l'entreprise ou, encore mieux, qui parle de l'intervieweur, est une excellente initiative, ne trouvez-vous pas ?

Pour vous, je peux faire une recherche sur une entreprise pour seulement 100 $; demandez Alex

 ### Avez-vous des questions ?

Que veulent-ils entendre ?

Habituellement, cette question survient vers la fin de l'entrevue d'embauche. En vérité, vous pouvez très bien penser que l'apparition d'une telle question annonce la fin de l'entrevue. Quoi qu'il en soit, parce que nous avons parlé de l'importance de votre préparation à l'entrevue, c'est là un moment comme un autre pour poser cette question.

Ne répondez jamais, je le répète *jamais*, « non » à cette question. Comment pouvez-vous prendre une des décisions les plus importantes de votre vie, c'est-à-dire celle de travailler ou non pour cette société, sans vouloir en savoir davantage sur elle ?

Même si vous avez une bonne connaissance de l'emploi et des responsabilités qui y sont rattachées, vous devez vous exprimer quand même. Si vous ne le faites pas, l'intervieweur pensera que vous n'êtes pas vraiment intéressé par le poste, et ce peut être le baiser de la mort pour vous, même à cette étape de l'entrevue.

Que voulez-vous savoir ?

C'est facile de se faire prendre à vouloir impressionner l'intervieweur. Cependant, vous ne devez pas oublier que vous avez un but : décider si cet emploi vous convient, s'il vous permettra d'utiliser vos talents à leur juste valeur et s'il vaut la peine que vous y engagiez toutes ces énergies.

Avec cela en tête, voici quelques questions que vous pourriez poser :

« *Pouvez-vous me donner une copie papier de la description officielle de l'emploi ? Je suis intéressé à réviser en détail les principales activités impliquées et les résultats attendus.* »

C'est là une bonne question à poser au recruteur. De plus, cette information vous aidera à préparer votre entrevue avec le responsable de l'embauche. S'il n'y a pas de description écrite, demandez à l'intervieweur de vous donner, dans la mesure du possible, une description complète de l'emploi.

« *Est-ce que cet emploi mène habituellement à d'autres postes au sein de la société ? Lesquels ?* »

Vous ne voulez pas vous retrouver avec un emploi sans possibilité d'avancement, non ? Alors, informez-vous sur la manière dont vous pourriez avoir de l'avancement, après avoir obtenu cet emploi. Qu'est-il arrivé à la personne que vous allez remplacer ? Est-il ou est-elle encore dans la société ? Si c'est le cas, que fait-elle ?

Essayez de poursuivre avec ce genre de questions sans pour autant donner l'impression que vous avez hâte de quitter un emploi que vous n'avez pas encore obtenu ! Si vous demandez de tels renseignements, calmement, vos ambitions seront bien comprises et même, bien accueillies.

« *Citez-moi quelques habiletés particulières ou quelques qualités nécessaires au candidat pour réussir dans cette fonction ?* »

La réponse de l'intervieweur devrait vous indiquer dans quelle mesure on accorde de la valeur à vos qualités personnelles. En utilisant cette information, vous pouvez souligner, de façon toute particulière, ces qualités à la fin de l'entrevue, pour terminer en beauté.

« *S'il vous plaît, parlez-moi un peu des gens avec lesquels j'aurai à travailler en étroite collaboration.* »

J'aurais aimé connaître cette question avant ma dernière entrevue d'embauche ! La réponse peut être une mine de renseignements. Par exemple : Vous pouvez savoir ainsi si les gens avec lesquels vous allez travailler font bien leur travail, et dans quelle mesure vous pouvez apprendre d'eux. Plus important encore ! vous découvrirez si le responsable de l'embauche parle ou non avec enthousiasme de son équipe.

Un responsable de l'embauche essaie toujours de montrer son meilleur côté durant l'entrevue, comme vous le faites vous-même à titre de postulant à l'emploi. Mais le fait de mettre en défaut la garde du gestionnaire en ce qui a trait à cette question, peut vous donner une idée, par delà les masques, de sa pensée profonde sur le sujet.

S'il n'est pas enthousiaste, vous n'aurez probablement pas envie de travailler avec lui et son équipe. Ce responsable de l'embauche peut associer à son équipe plus de maux de tête que de réussites.

« Qu'aimez-vous en particulier de cette entreprise? Pourquoi ? »

On peut penser que l'intervieweur n'aime pas son travail au sein de l'entreprise, s'il bafouille en répondant à cette question.

Si, au contraire, il est spontanément enthousiaste, sa réponse devrait vous convaincre de travailler pour lui.

La réponse à cette question peut également vous donner une bonne idée des valeurs de l'organisation et du responsable de l'embauche. Si l'intervieweur ne parle de rien d'autre que des produits et du rendement des actions de l'entreprise, cela indique qu'il se désintéresse des aspects de son travail touchant les relations humaines.

« Quelle est la position de l'entreprise au sein de l'industrie ? Est-ce que cette position a changé au cours des années ? »

Vous devriez déjà avoir de l'information, quant à la réponse à cette question, dans votre recherche initiale de préparation à l'entrevue, surtout si l'entreprise est inscrite en bourse. Si vous avez une telle information, utilisez-la dans une autre question :

> *« J'ai lu que l'entreprise est passée, en seulement trois ans, du cinquième au second rang, pour ce qui est des parts de marché. Pouvez-vous me donner les raisons de ce succès impressionnant ? »*

Évitez de demander de l'information sur les congés, les vacances, les fêtes, le nombre de jours de maladie, etc. Vous passeriez pour une personne qui ne pense qu'aux moyens de s'éloigner du bureau avant même d'avoir commencé à travailler !

Voici la liste la plus complète de questions qui me viennent à l'esprit. Encore une fois, essayez de trouver vous-même les réponses à ces questions *avant* l'entrevue, même si ce n'est pas toujours possible, surtout s'il s'agit d'une petite entreprise privée.

Liste de questions à poser sur l'entreprise

- ⊃ Quels sont les principaux produits ou services de l'entreprise ? Quels sont les nouveaux produits ou services que l'entreprise envisage d'offrir dans un futur rapproché ?
- ⊃ Quels sont les principaux marchés de l'entreprise ? Ceux-ci sont-ils en croissance ?
- ⊃ Est-ce que la société a l'intention de s'introduire sur de nouveaux marchés, d'ici un ou deux ans ? Quels sont-ils, et quels systèmes de distribution seront utilisés ?
- ⊃ Quel taux de croissance envisagez-vous à court terme ? Est-ce que ce taux sera atteint avec les moyens du bord ou par des acquisitions ?
- ⊃ Qui est le propriétaire de l'entreprise ?
- ⊃ S'il vous plaît, parlez-moi de votre expérience avec la société XYZ.
- ⊃ Combien y a-t-il d'employés dans l'organisation ? Quel est le nombre de filiales ?

Combien d'employés travaillent à ce bureau-ci ?

⊃ La société prévoit-elle grandir en faisant des acquisitions ?

⊃ Quel a été le nombre de mises à pied au cours des cinq dernières années ? Prévoyez-vous des coupures dans un futur rapproché ? Si c'est le cas, quel en sera l'impact sur mon service ou mon poste ?

⊃ Quels sont les problèmes et les défis majeurs auxquels l'entreprise a dû faire face au cours de la dernière année ? Comment ces problèmes ont-ils été résolus ? Quels sont les résultats attendus ?

⊃ Quelle est la part du marché de la société pour chaque segment où elle est présente ?

⊃ Quelles entreprises concurrentes constituent une menace ?

⊃ S'il vous plaît, parlez-moi de vos programmes de formation. Est-ce que vous remboursez les frais de formation reliée au travail ? Accordez-vous des congés d'étude ?

⊃ Quelle est votre philosophie d'embauche ?

⊃ Quels sont les plans d'expansion et les perspectives de croissance de la société ?

⊃ Quels sont les principaux objectifs de l'entreprise pour les années à venir ?

⊃ Que préférez-vous dans votre entreprise? Pourquoi ?

⊃ Quel est le rang de l'entreprise au sein de l'industrie ? Sa position a-t-elle évolué au cours des douze derniers mois ?

Liste de questions sur le service ou la division

⊃ Expliquez-moi la structure organisationnelle du service, ses principales fonctions et ses responsabilités.

⊃ Qui sera mon supérieur ? Quel est le vôtre ?

⊃ Quels sont les services avec lesquels celui-ci travaille en étroite collaboration ?

⊃ Combien de personnes travaillent dans ce service ?

⊃ Quels sont les problèmes du service ? Quels sont ses buts et ses objectifs ?

Liste de questions sur l'emploi

⊃ À quel type de formation dois-je m'attendre et pour combien de temps ?

⊃ Combien de personnes devrai-je superviser ?

⊃ Est-ce que la relocalisation est une option, une possibilité ou une obligation ?

⊃ Comment cet emploi est-il devenu disponible ? Est-ce que la personne qui l'occupait à été promue ? Quel est le titre de son nouveau poste ? La personne qui occupait le poste a-t-elle été mise à pied ? Pourquoi ?

⊃ Pourrais-je parler à la personne qui occupait le poste auparavant ?

⊃ Avez-vous sous la main une description écrite du poste ?

⊃ Pourriez-vous me décrire une journée type à ce poste ?

⊃ Depuis combien de temps le poste est-il affiché ?

⊃ Combien de candidats avez-vous interviewés ? Combien de candidats allez-vous encore interviewer avant de prendre votre décision ?

⊃ N'y a-t-il pas quelqu'un dans l'organisation qui serait qualifié pour ce poste ?

⊃ Avant que vous ne preniez votre décision, à combien d'autres entrevues dois-je m'attendre et avec qui ?

⊃ Où vais-je travailler ? Puis-je voir mon bureau / mon cubicule / mon cabinet ?

⊃ Quel équipement de bureautique devrais-je utiliser ? Un système avancé ou courant ?

⊃ De quelle autonomie bénéficierai-je dans mon travail quotidien ?

↪ Est-ce que cet emploi mène à d'autres postes au sein de l'entreprise ? Lesquels ?

↪ S'il vous plaît, parlez-moi un peu des gens avec lesquels j'aurai à travailler en étroite collaboration.

C'est encore au tour de l'intervieweur

Q: **Qu'est-ce qui vous intéresse le plus dans cet emploi ? Dans notre entreprise ?**

Que veulent-ils entendre ?

Vous commencez à connaître la marche à suivre, avec ce que vous avez appris dans les chapitres précédents. Vous envisagez d'y trouver plus de responsabilités, des occasions d'évoluer, de superviser plus de gens, le moyen de développer de nouvelles compétences et d'affiner celles que vous possédez déjà. Bien sûr, si on « insiste » pour augmenter votre salaire, vous ne direz pas non !

C'est le moment idéal pour faire valoir tout ce que vous savez sur l'entrprise et sur la manière dont vous pourriez favoriser sa réussite.

 Feu vert

Armé de cette information, vous pouvez répliquer : « J'ai tellement entendu parler de vos roulements à bille en titane, que j'ai voulu expérimenter certaines de leurs applications », au lieu de : « Si j'obtiens cet emploi, mon transport journalier en sera facilité. » Aussi incroyable que cela puisse paraître, plus d'un candidat que j'ai interviewé a donné cette réponse ! Ceci pourrait paraître honnête, même important pour le candidat, mais ce n'était pas la réponse que j'attendais !

Feu rouge

Assurez-vous de ne pas donner une réponse qui indique, de façon manifeste, une incompatibilité entre vos intérêts et ceux de la société. Si vos principaux intérêts ont peu ou pas de liens avec le poste que vous postulez, on vous dira probablement sans plus tarder : « Merci, nous resterons en communication avec vous ».

Variante

⊃ *Sur une échelle de 1 à 5, évaluez votre intérêt pour notre société et pour cet emploi.*

De monsieur Dufour à monsieur Lanctôt

Q: Qu'avez-vous entendu sur notre entreprise que vous n'aimez pas ?

Que veulent-ils entendre ?

Cette question est délicate. Vous voulez certainement éviter de fournir une réponse négative, même si la question vous y invite. S'il n'y a pas de rumeurs négatives qui circulent, vous pourriez les interroger à propos de la pénurie du plus récent logiciel ou exprimer votre désir que les profits de la société soient plus prévisibles.

Bien sûr, le fait d'avoir en mains des nouvelles récentes concernant l'entreprise peut changer la donnée. Vous avez peut-être entendu dire qu'ABC avait fait une mise à pied importante, il y a un an, et vous vous demandez si la poussière est retombée depuis ce temps. Peut-être avez-vous entendu des rumeurs de fusion ?

Ne faites pas l'idiot. Que l'un ou l'autre des scénarios s'applique, toute nouvelle recrue aurait des préoccupations quant à la stabilité de l'entreprise et de son futur. Si l'intervieweur vous ouvre la porte, en vous demandant si vous avez d'autres questions du genre à poser, de grâce, posez-les ! Toutefois, ne vous fermez pas la porte en posant une question tout à fait négative comme : « Je ne suis pas sûr d'aimer le fait que je serai sous la supervision de trois cadres exécutifs » ou « J'espère que je peux m'attendre à une révision de salaire dans un mois ? »

 Notre entreprise est plus grande (ou plus petite) que celle pour laquelle vous travaillez (ou travaillerez). Qu'est-ce que ça vous fait ?

Que veulent-ils entendre ?

Si l'entreprise est plus importante, vous pouvez affirmer que vous êtes à l'affût de fantastiques occasions d'avancement et que vous vous attendez à être exposé à plus de domaines de connaissances qu'en ce moment.

Si l'entreprise en vue est plus petite, vous cherchez justement une organisation moins bureaucratique, où les décisions se prennent plus rapidement et où l'information circule tout aussi rapidement.

 Qu'attendez-vous de votre prochain emploi ?

Que veulent-ils entendre ?

Évidemment, vous devriez baser votre réponse sur les caractéristiques du poste en vue. Toutefois, il faut éviter de répondre en ne donnant qu'une description légèrement modifiée de l'emploi.

Les intervieweurs posent précisément une question comme celle-ci pour évaluer votre intérêt pour l'emploi et pour savoir si vous avez des hésitations à son sujet. Alors, concentrez-vous sur l'emploi en question. Pensez aux principales compétences nécessaires pour réussir dans cette fonction et mettez l'emphase sur votre vif désir d'avoir l'occasion de développer, maintenant ou plus tard, l'une d'elles.

De plus, n'oubliez pas de faire preuve d'enthousiasme quant à votre domaine d'expertise. Voici un exemple :

> *« Dans mon emploi actuel, comme assistant au développement de la recherche, je cherche des occasions de financement et des subventions offertes par des organisations privées ou publiques, et je rédige des propositions en vue de les obtenir. J'aime beaucoup mon travail, mais mes contacts avec ces bailleurs de fonds potentiels sont plutôt limités. Je cherche un emploi qui offre plus d'occasions de travailler avec les mécènes, de s'assurer de leur support et de voir à ce que leur contribution soit reconnue publiquement. »*

> *« J'ai eu l'occasion à quelques reprises de faire ce genre de travail dans mon emploi actuel. En me basant sur mon succès, lorsque j'ai négocié avec la fondation De Sèvre, je sais que je peux réussir à m'acquitter avec succès de levées de fonds de recherche, en obtenant le support de bailleurs de fonds. »*

 Quels sont les aspects de l'emploi que nous avons décrits qui vous intéressent le moins ?

Que veulent-ils entendre ?

Laissez-moi commencer avec une touche d'humour. Un jour, après qu'il eut fini de parler avec son ami irlandais, un homme s'exclama avec consternation : « Pourquoi les Irlandais répondent-ils toujours à une question par une autre question ? » Sans se laisser démonter, mon ami irlandais lui fit un clin d'œil et répliqua : « Est-ce qu'on le sait ? »

Votre meilleure stratégie est de renvoyer la balle à l'intervieweur. Par exemple, vous pouvez dire :

> *« Vous avez décrit une situation où je devrai m'assurer que les taux de productivité soient élevés. Quelles procédures de contrôle avez-vous mis en place au sein de la société pour y parvenir ? Dans l'exercice de mes fonctions, pourrai-je bénéficier de l'avis de spécialistes à l'interne ? »*

Comme la question posée plus tôt (« Qu'avez-vous entendu sur notre entreprise que vous n'aimez pas ? »), j'imagine que cette question est une invitation à donner une réponse honnête. Si vous n'avez pas l'intention d'accepter l'emploi (à l'insu de l'intervieweur), parce que vous avez trouvé une faiblesse fondamentale dans celui-ci ou dans l'entreprise, un bon intervieweur voudra en connaître la raison.

Il y a trois scénarios possibles :

❶ Vous citerez un facteur qui n'est pas trop sérieux.

❷ Vous souleverez une objection majeure qui incitera l'intervieweur à vous éliminer de la course.

❸ Vous souleverez une objection valable faisant ressortir le fait que votre décision de renoncer au poste est prise.

 À partir de ce que vous savez déjà sur notre entreprise, dans quelle mesure votre idéal professionnel s'accorde-t-il avec la description du poste en jeu ?

Que veulent-ils entendre ?

L'emploi «idéal» est presque toujours un emploi dans lequel vous avez accès à un large éventail de responsabilités et de possibilités. Il vous permet d'apprendre toujours plus dans votre domaine et ainsi d'évoluer. Utilisez alors l'information que vous avez sur l'industrie pour formuler une réponse un peu idéaliste, peut-être, mais qui paraisse quand même réaliste :

> *« Je sais que plusieurs firmes comptables tirent un pourcentage de plus en plus élevé de leurs honoraires pour leurs services de consultation. J'aimerais occuper un emploi qui exigerait une combinaison de connaissances que je possède en comptabilité, dans la consultation et la résolution de problèmes. Idéalement, j'aimerais, au début, faire partie d'une équipe, puis, éventuellement,*

diriger un bureau spécialisé, comme l'analyse des coûts pour le secteur manufacturier. »

Maintenant, à partir de ce que vous connaissez du poste, étendez-vous sur un seul facteur secondaire et formulez quelques questions prudentes sur des aspects du travail que vous ne connaissez pas encore. En développant l'exemple précédent, vous pourriez dire, par exemple :

> *« Je sais que cette fonction est liée au service de l'audit et qu'elle constitue une porte d'entrée pour de nombreux employés. Je dois avouer que j'aimerais que ce poste soit pour moi un tremplin pour le secteur manufacturier et ultérieurement, pour un emploi dans un service de consultation. Je suis sûr de ne pas avoir les connaissances requises ou l'expérience, pour le moment. Est-ce que le poste en jeu en est un où je peux aquérir cette expérience ? Est-ce un cheminement de carrière possible chez vous ? »*

 Comment allez-vous vous débrouiller avec les aspects les moins intéressants ou les moins plaisants de cet emploi ?

Que veulent-ils entendre ?

Un intervieweur qui pose cette question insistera générale-ment sur certains aspects particuliers du travail, comme : « Vous n'allez pas toujours chercher des solutions originales aux problèmes d'impôt de vos clients. La plupart du temps, vous vous contenterez de vérifier les retours d'impôt et si tout est conforme à la loi. Vous êtes au courant de cet aspect du travail, n'est-ce pas ?» Vous pourriez alors répondre :

> *« Je sais que tout emploi en comptabilité comporte des tâches routinières qui doivent être accomplies. Bien faire les choses, même s'il s'agit de routine, apporte de*

la satisfaction et rend les occasions où on peut être créatif encore plus satisfaisantes. »

 Q: Vous avez peu d'expérience avec le contrôle budgétaire (ou les ventes ou autre chose). Comment pensez-vous vous y prendre pour apprendre ce qui vous manque pour réussir dans cet emploi ?

Que veulent-ils entendre ?

> « *Au cours de ma carrière, j'ai démontré à plusieurs reprises ma facilité à apprendre. Par exemple, quand le système de gestion des stocks de mon entreprise a été informatisé, je n'ai pas eu le temps de suivre la formation. Cependant, la société qui fournissait le logiciel avait mis à votre disposition certains travaux pratiques informatisés et des manuels techniques. Je les ai étudiés et je me suis pratiqué à la maison. J'espère pouvoir faire la même chose pour comprendre les rudiments de votre système budgétaire.* »

Vous pouvez également mentionner d'autres possibilités, comme d'apprendre à partir de publications ou de séminaires. Démontrez votre initiative et votre débrouillardise pour démarrer un projet rapidement en allant chercher les connaissances qu'il vous manque. L'intervieweur veut s'assurer que vous ne resterez pas assis à vous tourner les pouces, tout en vous plaignant de ne pas savoir quoi faire pour continuer. Rassurez-le en affirmant que, tant que vous occuperez votre poste, vous ferez tout ce qu'il faut pour apprendre.

« Maintenant, comment démarreriez-vous une bonne journée de travail ? » Si vous savez peu de choses sur le poste que vous convoitez, lisez un peu les publications qui traitent de l'industrie ou du segment de marché où l'entreprise évolue. Concentrez-vous sur les articles écrits pour aider les gens dans ce secteur d'emploi à régler des problèmes courants ou lisez les publications qui présentent des suggestions, des trucs et des outils conçus pour augmenter l'efficacité des gens qui oeuvrent quotidiennement dans cette sphère d'activité.

Vous voulez démontrer que vous pouvez commencer sur le champ et maîtriser une situation de travail difficile, en gardant votre sang-froid.

C'est aussi une bonne idée d'affiner vos connaissances sur le travail, ainsi que vos compétences. Les intervieweurs aiment présenter des problèmes qui peuvent être résolus sur le champ. Ces exercices visent à faire la preuve de votre compétence dans les domaines les plus importantes activités du travail.

Plus on se prépare, plus on s'approche de la perfection. Si vous avez un blanc de mémoire, ou si vous utilisez un facteur ou une formule de façon inadéquate, durant ces exercices, ce sera difficile, sinon impossible, de refaire votre image. Ce serait dommage, surtout après vous être rendu si loin dans le processus de l'entrevue d'embauche.

Avertissement : diverses entreprises peuvent utiliser une terminologie différente pour parler de la même procédure ou du même matériel. Alors, expliquez votre propre terminologie, dès le début, pour être sûr qu'on vous comprenne bien.

 ## Combien de temps prévoyez-vous rester avec nous ?

Que veulent-ils entendre ?

Une réponse que je *ne veux pas* entendre est : « *toujours !* », parce que je n'y croirai tout simplement pas. Par ailleurs, je me pose des questions sur l'intelligence d'un candidat pouvant penser que c'est ce que je veux entendre. Vous devriez donner une réponse simple, ressemblant plus ou moins à : « Aussi longtemps que je vais pouvoir évoluer, continuer à apprendre et que vous jugerez utile ma contribution à l'entreprise ».

Je ne suis pas certain qu'une telle question ne donne jamais à l'intervieweur une information pratique, parce qu'un candidat assez naïf pour répondre : « Oh ! un mois ou deux, jusqu'à ce que je trouve un travail à mon goût ! » ne devrait pas avoir été capable de passer au travers des étapes antérieures du processus de sélection ou même des dix premières questions de l'intervieweur. Cependant, faites attention à ce que votre langage corporel ne vous trahisse pas. Le fait de vous tortiller devant l'intervieweur équivaut à lui dire : « Oh ! un mois ou deux, jusqu'à ce que je trouve un travail à mon goût ! ».

Si vous changez souvent d'emploi, mais utilisez la réponse habituelle (« aussi longtemps que je peux évoluer... »), ne soyez pas surpris si l'intervieweur vous demande : « Avez-vous dit la même chose aux autres intervieweurs, pour vos quatre derniers emplois ? » Quoi que vous fassiez, ne répondez surtout pas : « Oui, et ils m'ont tous cru ! »

Aimez-vous la manière dont j'ai procédé pour cette entrevue ?

Que veulent-ils entendre ?

Bon, maintenant, les options ne sont pas très intéressantes, n'est-ce pas ? Dire à l'intervieweur que l'entrevue vous a semblé moche, n'est pas approprié. Répondre : « Ce fut une entrevue formidable, monsieur, et maintenant, puis-je polir vos chaussures ? » semble un peu trop servile. Il n'y a pas de bonne réponse, comme pour la question hypothétique dans l'entrevue de mise en situation. Alors, ne répondez pas. En lieu et place, posez vous-même une question à l'intervieweur.

Soyez personnel

La plupart des gens pensent que le candidat qui parle seulement du travail est celui qui a le plus de chance de décrocher l'emploi. Mais *vous* avez une vie personnelle après cinq heures, et la plupart des intervieweurs veulent connaître également cet aspect de votre vie.

Le principe de base qui doit vous guider pour répondre aux questions personnelles est le même que pour les questions de nature professionnelle : mettez toujours l'emphase sur les aspects positifs. Laissez l'intervieweur découvrir les aspects les plus intéressants de votre personnalité.

L'épée à double tranchant

Faites attention de ne pas trop parler. Vos réponses peuvent révéler plus d'information que l'intervieweur n'est autorisé à en demander, selon la loi. Par exemple, dans la chaude atmosphère d'une entrevue qui semble bien se passer, vous pouvez vous sentir assez à l'aise pour parler de vos enfants et des défis d'être une mère célibataire.

L'intervieweur n'aurait pas pu vous interroger sur votre situation familiale de façon à vous éliminer de la course. Cependant, toute information donnée peut être utilisée. Il est ainsi libre de l'utiliser pour porter un jugement de valeur sur votre capacité à répondre à diverses obligations reliées au travail. Par exemple, si l'emploi pour lequel vous appliquez exige, en certaines occasions, des déplacements de nuit, il pourrait conclure que votre situation familiale créerait un empêchement ou des difficultés.

Alors, bien que ces questions vous donnent l'occasion de vous faire valoir, elles peuvent aussi vous pousser, involontairement, à donner de l'information qui vous exclura de la liste des candidats intéressants. Assurez-vous de bien étudier le chapitre 9 pour identifier les questions qui sont, au mieux, inappropriées et, au pire, illégales.

Pour votre bonne santé

Les employeurs ont plus qu'un intérêt passager pour votre état de santé. En effet, la plupart des entreprises cherchent des moyens pour empêcher l'escalade des coûts de leur assurance maladie. La plupart des gestionnaires veulent s'assurer que vous ne serez pas terrassé par tous les microbes qui se promènent de par le vaste monde ou en congé de maladie, lorsqu'ils auront le plus besoin de vous.

Êtes-vous en bonne santé ?

Que veulent-ils entendre ?

Vous devez être honnête lorsque vous répondez à cette question. Les employeurs éventuels ont des moyens de vérifier votre histoire médicale, s'ils sont particulièrement préoccupés par votre état de santé. De fait, de nombreux employeurs font des offres d'emploi à condition que vous passiez avec succès un examen médical.

Les préoccupations concernant votre santé seront moindres, si vous démontrez que vous vous efforcez de vous garder en bonne santé. Vous n'avez pas à être un maniaque de l'exercice. Signalez simplement que vous faites régulièrement des activités physiques qui profitent, un tant soit peu, à votre état de santé, comme le jardinage, le bricolage, et même la promenade du chien.

 Avez-vous un quelconque problème médical qui puisse limiter votre capacité à bien faire ce travail ?

Que veulent-ils entendre ?

Cette question de l'intervieweur est tout à fait légitime. Postulez-vous un travail d'entrée de données malgré le fait que vous souffriez du syndrome du tunnel carpien ? Allez-vous devoir marcher beaucoup plus et être debout beaucoup plus longtemps au travail, assez pour faire ressurgir à nouveau votre problème de genou ?

Rappelez-vous, toutefois, que les mots significatifs sont « la capacité de faire ce travail ». Un problème de santé qui n'est pas relié au travail n'est pas pertinent. D'après la loi, il n'est pas non plus l'affaire de l'employeur.

Comment faites-vous pour maintenir l'équilibre entre votre carrière et votre vie familiale ?

Que veulent-ils entendre ?

Ça alors, quelle question ! De nouveau, c'est une question tout à fait légale, mais aussi particulièrement difficile, si vous êtes déterminé à ne pas parler de questions familiales au cours de l'entrevue. Pourquoi voudriez-vous éviter toute discussion sur le sujet ? Si vous avez une certaine expérience de la vie, vous pouvez vous inquiéter à raison en songeant que l'intervieweur peut avoir un agenda caché, par exemple : de parents célibataires pour les postes qui exigent des déplacements (ou pas de parents, si le poste exige plus de x heures de déplacements).

En conséquence, si vous voulez donner une réponse qui en révèle le moins possible sur votre vie familiale, tentez la suivante :

« Au cours de ma carrière, j'ai toujours été un employé dynamique, loyal et travailleur, et rien, dans ma vie personnelle, ni les obligations familiales, ni les passe-temps, ni le travail bénévole, n'a jamais affecté ma performance. Et je ne vois pas pourquoi ça changerait.»

Qu'est-ce qui vous intéresse en dehors de votre travail ?

Que veulent-ils entendre ?

De nombreux employeurs croient dans la théorie qui dit : « Si vous voulez que le travail soit fait, donnez-le à une personne occupée. » Alors, décrivez-vous comme une personne dynamique et pleine de vitalité. Profitez de cette occasion pour brosser de vous le portrait d'une personne bien équilibrée.

Q: Que préférez-vous faire lorsque vous n'êtes pas au travail ?

Que veulent-ils entendre ?

Parlez aussi bien de vos activités qui exigent une grande implication que d'activités plus tranquilles. Assurez-vous également de mettre l'emphase sur les activités qui ont un lien avec les responsabilités de l'emploi postulé. Par exemple, si vous postulez un emploi de gérant dans une librairie, le fait de dire que vous lisez trois livres par semaine est tout à fait approprié. Quant à votre folie pour le ski acrobatique, il n'est pas utile d'en parler (ni pour quelqu'autre emploi probablement).

 Feu vert

Éloignez-vous de toute controverse. Un candidat avisé mentionnera des activités rassurantes, comme la lecture ou le tennis, plutôt que le saut en *bungee* ou le «piquet des cliniques d'avortement». Aimeriez-vous que vos intérêts en dehors du travail se trouvent en conflit avec l'emploi postulé ? Alors, ne vous étendez pas trop sur des intérêts qui pourraient faire penser à un employeur facilement alarmé, que vous pourriez vous retrouver en congé de maladie pour une longue période.

Il est sécuritaire de parler, en général, de la plupart des sports courants comme ceux d'équipe. Vous pouvez également dire que vous êtes entraîneur pour une équipe de jeunes. Par ailleurs, toutes les activités individuelles, comme la nage, la course à pied, la marche ou la bicyclette, sont indiquées.

D'habitude, les employeurs aiment qu'on leur parle d'activités communautaires et qui impliquent des relations humaines (la chambre de commerce, les clubs de bienfaisance, les fonds de charité, etc.), ainsi, les mentionner vous apportera de bons points. Toutefois, faites attention aux activités religieuses ou politiques qui pourraient déranger l'intervieweur.

Feu rouge

Préparez bien votre réponse pour ne pas paraître :

❶ **Paresseux. « Je suis un fan des *Canadiens*. Je ne manque jamais une partie de hockey.** Je regarde aussi régulièrement la lutte à la télévision, et je visionne religieusement chaque épisode de *Aux frontières du réel* (*X-Files*). De plus, j'enregistre tous mes téléromans favoris durant l'après-midi, de façon à pouvoir les écouter la fin de semaine. »

❷ **Au bord de la crise cardiaque.** « Je joue à la balle au mur ; je dirige une équipe de balle molle ; je fais partie du conseil d'administration du musée local ; j'envisage de faire campagne pour devenir échevin cet automne et, à temps perdu, j'assiste à des conférences sur l'égyptologie, à l'université. » Ouf ! où allez-vous trouver le temps et l'énergie pour travailler ?

❸ **Vous glorifier de pratiquer des activités dangereuses.** « J'aime me mettre au défi. La fin de semaine prochaine, j'ai pris rendez-vous pour un autre plongeon en *bungee*. J'ai besoin de quelque chose pour me garder en forme jusqu'à la prochaine saison de football. »

❹ **Faire la démonstration que vous participez à des activités controversées qui peuvent déranger l'intervieweur.** « Je suis toujours à l'avant-scène lors des manifestations de Greenpeace » ; « Je donne tout mon argent pour convertir le monde à la religion x ».

Suggestions pour mousser votre image sans passer pour un fanfaron

⊃ **Ne perdez pas le contrôle.** Ce sont seulement les personnes très ennuyeuses qui ne trouvent pas que c'est difficile de parler d'elles-mêmes de manière flatteuse. C'est néanmoins ce que vous devez faire tout au long de l'entrevue d'embauche. Vous devez constamment mousser votre image jusqu'à ce que vous soyez vous-même lassé de ce petit jeu.

Vous devrez dire dans quelle mesure vos amis vous trouvent intéressant ; quel plaisir ont eu vos supérieurs à travailler avec vous, et qu'il n'y a que quelques petits ajustements que vous aimeriez faire pour vous améliorer.

⊃ **Mettez l'emphase sur les qualités que les employeurs recherchent.** Je parle de l'enthousiasme, de la confiance en soi, du dynamisme, de la fiabilité et de l'honnêteté. Formulez vos réponses de façon à souligner ces caractéristiques. Pensez aux qualités que vous aimeriez retrouver chez un employé si vous aviez une entreprise. N'aimeriez-vous pas avoir à votre emploi une personne qui solutionne les problèmes et aime travailler en équipe ; une personne enthousiaste à l'idée de travailler fort pour atteindre des objectifs particuliers ?

⊃ **Soyez créatif.** Un de mes amis a dû travailler très fort pour aller au collège. Au lieu de participer à des stages sans rétribution ou peu payés, ou de faire des activités parascolaires, il travailla comme pompiste et comme commis au supermarché, durant ses vacances d'été. Ces «petits boulots» n'avaient aucun lien avec la carrière qu'il visait par ses études, soit l'édition. Pour compliquer les choses, l'édition est un domaine où les stages sont obligatoires. De nombreuses entreprises dans ce secteur d'activité aiment engager des candidats qui ont passé leurs étés à faire le café pour des éditeurs ou des directeurs artistiques. Mon ami savait qu'il y aurait des questions sur ses occupations estivales, de la part de l'intervieweur chevronné. Il était prêt avec sa réponse :

« J'aurais bien aimé avoir eu plus de temps pour écrire dans le journal du collège. Quand je n'étudiais pas, je devais travailler pour payer mes études. Mais j'ai appris beaucoup de choses dans les emplois que j'ai occupés ; des choses que les gens n'apprennent générale-ment qu'une fois bien établis dans leur carrière, comme : comment travailler en équipe et bien gérer son temps. »

Encore plus de suggestions
pour une entrevue d'embauche réussie

⊃ **Structurez vos réponses en fonction du profil de l'emploi.** Apprenez le plus de choses possibles sur le poste convoité, bien avant de vous présenter à l'entrevue. Quand vous parlez de vos propres réalisations, de vos habiletés et de votre expérience, parlez-en en fonction des exigences de *cet* emploi et des objectifs de *cette* entreprise.

⊃ **Ponctuez votre discours de : « ce que j'ai fait » et « pourquoi je l'ai fait ».** Pendant que vous parlez de vos succès ou de vos échecs, insistez sur les leçons que vous en avez tirées et que vous utiliserez dans votre prochain emploi.

⊃ **N'exagérez pas.** Vos réalisations et vos responsabilités devraient parler d'elles-mêmes. Si vous sentez que vous n'avez pas eu l'occasion de laisser votre marque dans le passé, dites-le. Si vous jouez avec la vérité, un intervieweur avisé peut, de différentes manières, vous dévoiler. N'apprenez pas de la façon la plus coûteuse : celle qui pourrait vous faire perdre l'emploi !

⊃ **N'apparaissez pas désespéré...** même si vous venez d'être mis à pied ! Mais ne semblez pas trop confiant non plus. Efforcez-vous d'exprimer votre intérêt sincère pour l'emploi offert, comme la possibilité d'avoir plus de responsabilités, d'apprendre et d'obtenir plus d'argent.

⊃ **Évitez toute phrase négative.** Vous désirez par dessus tout que l'intervieweur fasse le moins possible d'associations négatives avec vous, que ce soit avec des mots ou des sentiments.

⊃ **Décrivez votre emploi de la manière la plus positive qui soit.** Montrez à l'intervieweur que vous trouvez des éléments de satisfaction dans votre emploi actuel. Vous devez donner l'impression que vous êtes un travailleur positif qui essaie de s'adapter du mieux qu'il le peut, quel que soit le poste qu'il occupe. Encore une fois, ne jouez pas les désespérés. Un certain nombre d'intervieweurs associeront *désespéré* et main-d'œuvre bon marché.

⊃ **Montez-vous un vocabulaire avec des mots percutants.** Les mots suivants sont puissants et positifs. Si vous les utilisez régulièrement, dans votre curriculum vitae, lors des entrevues d'embauche et dans la correspondance qui les suivra, vous laisserez une impression durable dans l'esprit de l'intervieweur.

Prenez quelques minutes, chaque jour, pour réviser ces mots, même si vous ne cherchez plus d'emploi. En peu de temps, ils prendront place dans votre vocabulaire et votre écriture de tous les jours.

Des mots qui laissent une impression de professionnalisme

accompli	analyser	commander
accru	appris	communiqué
actif	approvisionner	comparer
administrer	arranger	compétence
agrandir	assister	compiler
aider	augmenter	complété
ajuster	calculer	conceptualisation
améliorer	capable	conçu

conduit
consciencieux
conseiller
consolider
construit
consulter
contrôlé
coordonné
créé
découvert
dessiner
détecter
déterminé
développer
diminuer
diriger
distribuer
écrit
édité
effectif
éliminer
énergie
enthousiasme
entraîné
établi
évaluer
exact
examiné
exceller

exécuter
fait
fier
focus
fondé
formulé
générer
gérer
guider
identifier
implanté
inspecté
installé
instauré
institué
interprété
introduit
inventé
justifié
lancé
maintenu
mis à jour
modifié
motivé
négocier
parvenu
persuadé
planifié
préparé

présenté
procédé
produit
programmé
promu
proposé
rationer
recherché
recommandé
reconsidérer
réduit
référé
réfuté
réorganiser
remplacer
renforcer
reporté
représenté
résolu
responsable
restauré
révisé
sélectionné
servir
superviser
systématique
testé
traduit

Chapitre 9

Innocent ? Rarement.
Illégal ? Peut-être.

À une certaine époque, une amie, directrice du recrutement d'une assez grosse société, a passé des semaines à interviewer une multitude de candidats pour un grand nombre de postes différents. Cette expérience lui a permis d'apprendre à identifier les candidats indésirables en quelques minutes et à les libérer d'un simple : « Merci de vous être présenté » avant même le début de l'entrevue d'embauche !

Voici un exemple de cette technique d'entrevue. Un bon matin, en accueillant une jeune postulante pour un poste de vendeuse itinérante, mon amie demanda : « Comment allez-vous ? » La postulante commença immédiatement à pleurnicher à propos de la pluie et du fait qu'elle avait une maille à son bas.

Ce comportement fut un indice pour mon amie. Simulant l'embarras, elle s'adressa à la jeune femme en ces termes : « Oh ! Êtes-vous ici pour le poste de vendeuse itinérante ? Je regrette, nous avons oublié de vous appeler. Nous avons donné le poste à quelqu'un, hier, mais nous gardons votre nom en filière pour le cas où un poste semblable s'ouvrirait. Merci de vous être présentée. »

Ne gaspillez pas vos chances

Cette histoire met à jour une réalité que peu de candidats connaissent : il n'existe pas de question bénigne ou « sans but ». Vous êtes évalué à partir du moment où l'intervieweur vous voit, ou entend votre voix au téléphone, jusqu'à ce qu'on vous offre l'emploi ou que l'on vous escorte jusqu'à la porte. De nombreux intervieweurs utilisent cette question pour « briser la glace », parce qu'ils pensent qu'ils mettent les candidats en confiance en ayant l'air de suggérer une conversation amicale, alors que ce n'est pas du tout le cas. À ce moment, les candidats ne sont plus sur leurs gardes. Certains candidats remerciés après seulement quelques minutes d'entretien découvrent un peu tardivement que cette question leur a fait perdre la chance d'obtenir l'emploi.

Les questions qui suivent ne sont que quelques-unes parmi d'autres auxquelles vous devez vous préparer à répondre.

Comment allez-vous aujourd'hui ? Avez-vous eu de la difficulté à trouver votre chemin ?

Que veulent-ils entendre ?

Vous allez très bien, merci. Et non, vous n'avez eu aucun problème pour trouver les lieux ! C'est parce que vous avez pris le temps de bien vous faire indiquer le chemin par la secrétaire de l'intervieweur (ne le dites pas, faites-le seulement).

Encore une fois, il faut toujours présenter votre côté positif. Je ne vous suggère pas de vous donner un air innocent ni de vous comporter comme un employé « servile », mais je vous engage, avec force, à faire tout votre possible, afin de ne pas émettre le moindre sentiment négatif, quand vous communiquez avec l'intervieweur, ne serait-ce que de parler de la température maussade !

Depuis que mon amie spécialiste en recrutement m'a raconté sa petite histoire, je sais que j'accorde plus d'importance aux réponses que les candidats donnent à ces petites questions « en apparence anodines ».

Au cours des années, j'ai pris l'habitude de poser des questions venues de nulle part aux candidats. De nombreux intervieweurs tenteront de vous piéger avec ces questions qui s'éloignent des questions traditionnelles. Au moment où on parle, ces questions sont devenues des clichés. Même si vous avez mémorisé toutes les réponses aux questions possibles, comme si vous aviez la copie volée d'un examen, le test véritable est plutôt dans la manière dont vous répondrez à ces questions en apparence bénignes.

Êtes-vous un valet ou un roi ?

 Quel est le titre du dernier livre que vous avez lu ?

Que veulent-ils entendre ?

Avant de purger votre liste de lectures, réfléchissez à ce qui suit. À tort ou à raison, plusieurs intervieweurs semblent penser que les gens qui lisent des ouvrages documentaires sont plus intéressés à la réalité que les lecteurs d'œuvres romanesques.

Alors, plutôt que de parler du dernier roman à sensation, aussi palpitant soit-il, choisissez plutôt un livre populaire d'information sur un sujet qui puisse vous intéresser, dans le genre *Les sept préceptes des personnes très efficaces* ou *La discipline des champions en marketing*. Montrez à l'intervieweur que vous vous efforcez d'améliorer vos connaissances et vos compétences, à titre d'homme ou de femme d'affaires.

Freddie ou Forrest ?

 Quel est le titre du dernier film que vous avez vu ?

Que veulent-ils entendre ?

Mentionnez un film populaire, mais qui n'est pas controversé. Ça ne va pas vous aider, si vous avouez candidement que le dernier film auquel vous avez assisté était un film d'horreur comme *Vendredi 13*.

Vous ne voulez sûrement pas non plus que votre goût pour les films étrangers ou les documentaires gauchistes vous empêche d'obtenir l'emploi. Il est beaucoup mieux de citer un film de Tom Hanks, comme *Forrest Gump*. Si vous croyez que vos goûts personnels ne regardent que vous, sentez-vous libre de discuter de vos idées concernant des films comme *Tueurs nés* ou *Fiction pulpeuse*.

Suggestions pour éviter les entrevues d'embauche écourtées

⊃ **Aucune question n'est bénigne.** L'entrevue d'embauche commence dès que vous vous présentez devant l'interviewer ou prenez le téléphone. Alors, réfléchissez avant de répondre à toute question.

⊃ **Affichez les caractéristiques que les employeurs recherchent.** Quoi que vous disiez, laissez transparaître votre confiance en vous, votre enthousiasme, votre dynamisme et votre intelligence.

⊃ **Répondez avec précaution et évitez la controverse.** Pourquoi ouvrir une boîte de Pandore ? Vous pourriez alors, malencontreusement, suggérer à l'intervieweur de vous interroger à l'aveuglette.

⊃ **Rappelez-vous qu'il s'agit d'une entrevue d'embauche et non d'une rencontre de la société de littérature locale ou d'un fan club d'amateurs de cinéma.** Une réponse qui vous aide à obtenir l'emploi est préférable à une réponse qui expose vos goûts littéraires ou cinématographiques.

Faire de la discrimination et éliminer ?

Dans un monde idéal, les administrateurs d'entreprises et les gestionnaires devraient évaluer chaque candidat uniquement en fonction de ses compétences et de l'expérience requise pour accomplir le travail.

Mais ça ne devrait pas vous surprendre que je vous dise que notre monde est loin d'être idéal. Dans la vie de tous les jours, de nombreux gestionnaires et administrateurs d'entreprises font de la discrimination fondée sur la couleur de la peau, des incapacités physiques, l'âge (plus de 50 ans), et même à l'égard des femmes qui, pensent-ils, désirent avoir des enfants durant leur période d'emploi !

Peu d'entre nous peuvent affirmer être tout à fait objectif quand il s'agit d'évaluer les autres. Cependant, vous devez savoir que vous n'êtes pas obligé de répondre à toute question reliée à votre race, votre nationalité, votre situation matrimoniale ou financière, ou même à une incapacité, si celle-ci ne vous empêche pas de faire le travail de façon acceptable.

Illégale ou seulement inappropriée ?

Si un intervieweur est assez fou pour vous poser de telles questions (votre nationalité, votre situation matrimoniale ou toute autre information de nature personnelle), devriez-vous sauter de votre chaise et porter plainte sur le champ ? Non.

Vous devriez plutôt rester bien assis et prendre des notes. Le gouvernement fédéral ainsi que chaque province a ses réglementations sur ce qui peut être demandé à un candidat durant le processus d'embauche, c'est-à-dire concernant le questionnaire de demande d'emploi et l'entrevue comme telle. Tous les États américains (et le gouvernement fédéral des États-Unis), la plupart des pays d'Europe centrale, ainsi que d'autres pays dans le monde ont également de telles réglementations. Ces réglementations partagent les mêmes principes de base, bien que leur application diffère dans ses modalités. Le fait de poser les mauvaises questions n'est pas illégal en soi, mais l'employeur peut être sujet à une poursuite légale, si un candidat qualifié est victime de discrimination. Peu d'entreprises sont disposées à prendre ce risque. Alors, quand il s'agit de questions « inappropriées », la plupart des employeurs sont prudents.

Cependant, les réglementations n'empêchent pas les intervieweurs d'utiliser des techniques subtiles pour tirer les vers du nez. À titre de candidat, c'est à vous de parer le tir. La clé est de reconnaître une question inappropriée et de vous garder de divulguer toute information qui pourrait vous empêcher d'obtenir l'emploi.

Votre test limite

Toute question posée par l'intervieweur devrait susciter cette réflexion : « La question est-elle liée à mon emploi actuel ou à mon futur emploi ? »

Il est instructif d'aller vérifier à la Commission des normes du travail, la liste des questions considérées « inappropriées » dans les demandes d'emploi et au cours des entrevues d'embauche.

En attendant, voici quelques questions, qui doivent vous inciter à la prudence durant l'entrevue d'embauche, aussi « agréable » soit-elle !

Les questions sur votre âge

 Quel âge avez-vous ?

L'âge peut être important pour de nombreux employeurs. Si vous êtes à la fin de la quarantaine ou de la cinquantaine, certains employeurs peuvent être préoccupés par votre manque d'énergie ou votre santé défaillante. Ne leur donnez pas de munitions en répondant avec un chiffre précis, si vous n'y êtes pas obligé.

Les employeurs ne peuvent en aucun temps poser des questions particulières sur votre âge ou sur des faits susceptibles de le révéler, telle l'année où vous avez obtenu votre diplôme d'études secondaires. Les intervieweurs peuvent seulement spécifier que l'embauche est conditionnelle à la vérification de l'âge, en fonction de l'âge minimum requis par la loi pour travailler à plein temps dans certains secteurs d'activités, et que les employés mineurs (soit ceux qui ont moins de 18 ans) doivent obtenir un permis de travail.

Mais l'âge, comme la race, est facile à deviner. Alors, comme toujours, prenez un ton positif. Insistez sur les avantages que l'employeur pourrait tirer de votre expérience, et rassurez-le en affirmant que vous avez la vitalité de vos vingt ans pour travailler. Vous pourriez dire :

> *« Plus j'ai fait de choses, plus je suis devenu efficace. Quand j'ai commencé, j'étais si énergique que je fonctionnais comme un écervelé. Maintenant, je m'aperçois que je peux faire plus en moins de temps, parce que je sais où trouver les ressources dont j'ai besoin et comment travailler avec toutes sortes de gens. »*

Variantes

➲ *Quand êtes-vous né ?*

➲ *Quand avez-vous obtenu votre diplôme d'études secondaires ?*

➲ *Êtes-vous prêt de la retraite ?*

➲ *N'êtes-vous pas un peu jeune pour chercher un emploi avec des responsabilités si grandes ?*

➲ *N'êtes-vous pas un peu trop âgé pour travailler pour une entreprise dynamique comme la nôtre ?*

Les questions concernant votre statut matrimonial ou votre famille

 Êtes-vous célibataire, marié, séparé, divorcé ?

Trop souvent, l'intervieweur n'agit pas ouvertement. De nombreux intervieweurs utilisent des techniques subtiles pour obtenir l'information qui vous disqualifiera de la course à l'emploi.

Vous pouvez être marié et avoir des enfants (et fier d'en avoir). Cependant, résistez à la tentation de montrer vos dernières photos de famille en vacances à Walt Disney World. Pourquoi ? Après tout, qui a-t-il de mal à bavarder gentiment à propos de votre fiancé (e), de votre conjoint(e) ou de vos enfants ? Quel est le danger de laisser savoir à l'employeur que vous avez l'intention d'avoir un bébé d'ici un an ?

Peut-être qu'il n'y a rien de mal à cela, mais encore une fois, vous ne pouvez savoir comment l'intervieweur interprétera votre réponse. Par exemple, si vous prévoyez avoir un enfant bientôt, l'intervieweur peut se demander si vous allez vous absenter longtemps du travail ou si vous serez obligé de réduire vos heures de travail. Si vous pensez vous marier, il peut s'imaginer que vous serez si préoccupé par votre mariage que vous négligerez votre travail.

Les intervieweurs ne vous poseront pas nécessairement de questions sur votre statut matrimonial ou sur votre intention de vous marier et d'avoir des enfants. Si vous avez des enfants, vous n'êtes pas obligé de révéler leur âge ou de divulguer vos arrangements avec un service de garde.

Faites la moitié du chemin avec l'intervieweur

Au lieu de refuser de répondre à une question, et ainsi risquer de créer un froid, parlez de ce que vous pensez être les préoccupations de l'employeur quant à votre situation personnelle. Par exemple, si l'intervieweur demande toujours de l'information sur vos enfants, ou si vous prévoyez avoir des enfants, ce peut être simplement parce qu'il se préoccupe de votre implication au travail. Vous pouvez répondre en disant :

> *« Je sens que vous êtes préoccupé quant à ma capacité à être présente au travail de façon à respecter les échéances. Laissez-moi vous dire que j'ai toujours été une travailleuse fiable, dédiée à son travail. J'ai toujours bien fait mon travail et j'ai toujours respecté les échéances. De fait, dans mon dernier emploi, je n'ai jamais été en retard, et j'ai terminé tous les projets avant l'échéance. »*

Vous voyez ? Vous avez parlé du vrai problème, c'est-à-dire de la préoccupation de l'employeur en ce qui concerne votre implication au travail, sans jamais parler de vos enfants ou de vos projets familiaux.

Variantes

⊃ *Qu'est-ce qui a causé votre divorce ?*

⊃ *Pourquoi n'avez-vous jamais été marié(e) ?*

⊃ *Avez-vous l'intention de vous marier ?*

⊃ *Vivez-vous seul(e) ?*

⊃ *Avez-vous des enfants ?*

⊃ *Êtes-vous un parent célibataire ?*

⊃ *Combien de dépendants avez-vous ?*

⊃ *Qui est le chef de famille ?*

⊃ *Quel genre de travail votre conjoint(e) fait-il (elle) ?*

⊃ *Combien de temps passez-vous avec votre famille ?*

⊃ *Qu'est-ce qui rend un mariage heureux d'après vous ?*

⊃ *Parlez-moi de vos enfants.*

⊃ *Avez-vous de bonnes relations avec vos enfants ?*

⊃ *Avez-vous des enfants qui vivent sous votre toit ?*

⊃ *Vivez-vous avec vos parents ?*

⊃ *Où faites-vous garder vos enfants ?*

⊃ *Mes enfants sont turbulents et me causent bien des problèmes. Comment sont les vôtres ?*

⊃ *Ma femme (mon mari) n'aime pas que je travaille les fins de semaine. Qu'en pense la (le) vôtre ?*

⊃ *Faites-vous de la planification familiale ?*

⊃ *Êtes-vous enceinte ?*

⊃ *Avez-vous l'intention d'avoir des enfants ?*

⊃ *Est-ce que vos voyages (déplacements) seront bien acceptés par votre famille ?*

⊃ *Aimez-vous vivre en famille ?*

Les questions sur votre origine ethnique

 Quelle est votre nationalité ?

Quand vous rencontrez un intervieweur, vous ne pouvez l'empêcher de tirer des conclusions quant à votre origine, à partir de la couleur de votre peau, de vos yeux, de vos cheveux ou de votre accent. Cependant, ne donnez jamais cette information au téléphone et (ou) ne donnez jamais une photographie de vous avant d'accepter l'offre d'emploi.

Les employeurs ne vous demanderont pas nécessairement votre origine ou le nom de vos ancêtres, de vos parents ou de votre conjoint. C'est bien de dire que vous maîtrisez une autre langue que le français ou l'anglais, mais l'intervieweur ne peut vous demander comment vous avez appris à lire, écrire et parler cette langue ou ces langues.

Si votre nom de famille est italien, de toute évidence vos racines sont là ! Quand vous rencontrez l'intervieweur, s'il fait la remarque : « Rutigliano, c'est italien, n'est-ce pas ? » Que faites-vous ? Souriez poliment et ne répondez pas. C'est probablement une entrée en matière, sans conséquence, tout simplement.

Si l'intervieweur ne comprend pas et poursuit sur la même pente, à propos de votre origine italienne, vous pouvez dire : « Je ne vois pas vraiment ce que mon origine a à voir avec l'emploi. » Si vous voulez être diplomate, vous pouvez répondre à l'intervieweur à votre convenance. (Par ailleurs, la loi canadienne interdit aux employeurs d'engager des « étrangers », c'est-à-dire des gens qui n'ont pas le droit de travailler au Canada et qui n'ont pas de permis de travail par la force des choses.)

Si un employeur demande expressément votre photo pour accompagner votre demande d'emploi, dites simplement, « Je n'ai pas de photo récente de disponible pour le moment. Mais si j'obtiens l'emploi, je me ferai un plaisir de vous en donner une. »

Donc, une fois que vous aurez accepté l'offre d'emploi, vous devrez fournir un des documents mentionnés ci-dessous :

⊃ Un passeport canadien.

⊃ Un permis de travail.

⊃ Un certificat de naissance et (ou) un numéro d'assurance sociale et (ou) un permis de conduire.

Variantes

⊃ *Hum, c'est un nom italien (ou autre), n'est-ce pas ?*

⊃ *Quelle langue parlez-vous à la maison ?*

- *D'où viennent vos parents ?*
- *Où êtes-vous né(e) ?*
- *Quelles sont les langues parlées par vos parents ?*
- *Que font vos parents ?*
- *Vos parents sont-ils nés au pays ?*
- *Êtes-vous né dans ce pays ?*
- *D'où vient votre accent ?*
- *Quelles langues parlez-vous ?*
- *Êtes-vous bilingue ?*

Les questions sur votre orientation sexuelle

 Quelle est votre orientation sexuelle ?

« *Je regrette, mais je n'ai pas l'intention de discuter de ce sujet.* »

Variantes

- *Êtes-vous normal ?*
- *Êtes-vous gai ?*
- *Êtes-vous lesbienne ?*
- *Donnez-vous rendez-vous à d'autres hommes ?*
- *Donnez-vous rendez-vous à d'autres femmes ?*
- *Partagez-vous votre toit avec d'autres personnes ?*
- *Faites-vous partie d'un groupe de gais ou de lesbiennes ?*

Les questions sur vos convictions religieuses

 Q: Êtes-vous ___(juif, chrétien, bouddhiste, etc.) ?

Les employeurs peuvent vous dire quelles sont les fêtes religieuses qu'ils respectent, mais aucun ne peut vous poser des questions sur le sujet.

Si un intervieweur insiste pour que vous parliez de vos convictions religieuses, dites simplement :

« J'aime laisser mes convictions religieuses en dehors de mon travail, et je respecte ce droit chez les personnes avec lesquelles je travaille. »

Cependant, si vous faites face à plusieurs « questions du genre », peut-être aurez-vous à réfléchir quelques minutes pour savoir si vous voulez travailler sous la direction d'un supérieur ignorant et manquant de doigté. Si cela ne vous dérange pas qu'il soit un gaffeur impénitent, parce que vous voulez avant tout l'emploi, alors, ne vous embarrassez ni de ses questions ni de ses commentaires. C'est à vous de décider.

Variantes

⊃ *Que faites-vous le dimanche matin ?*

⊃ *Pouvez-vous travailler le vendredi soir ?*

⊃ *Nous sommes une entreprise d'allégeance chrétienne (juive, musulmane, etc.). Est-ce un problème pour vous ?*

⊃ *Quelle religion professez-vous ?*

⊃ *Payez-vous votre dîme ?*

⊃ *Faites-vous partie du mouvement du renouveau liturgique ?*

⊃ *Est-ce que vos enfants vont à l'école du dimanche ?*

⊃ *Vos enfants fréquentent-ils l'école hébraïque ?*

⊃ *Chantez-vous dans le chœur paroissial ?*

⊃ *À quelle église appartenez-vous ?*

⊃ *Y a-t-il un jour de la semaine où vous ne pouvez pas travailler ?*

⊃ *Est-ce que travailler les fins de semaine constitue un problème pour vous ?*

⊃ *Quelles sont les fêtes religieuses pour lesquelles vous devez prendre congé ?*

⊃ *De quelles organisations faites-vous partie ?*

Les questions à propos de votre santé et de vos incapacités

 Avez-vous des incapacités particulières ?

Les intervieweurs ne peuvent demander de l'information de cette nature, sauf quand il s'agit d'une incapacité physique ou mentale qui vous empêche effectivement d'effectuer le travail.

L'employeur ne peut vous demander n'importe quoi sur votre santé, bien que vous puissiez être tenu de passer un examen médical après avoir reçu l'offre d'emploi. Le but de cet examen médical doit être relié aux principales fonctions de l'emploi. L'employeur est donc tout à fait dans son droit de vous dire que son offre d'emploi est conditionnelle à l'obtention de résultats positifs à l'examen médical.

Cependant, l'employeur ne peut pas vous demander si vous avez :

⊃ un problème de santé mentale ;

⊃ reçu une compensation de la Commission de la santé et de la sécurité du travail (CSST) ;

⊃ des problèmes avec l'alcool ou les drogues ;

⊃ le virus de l'immunodéficience (le sida ou un syndrome relié au sida).

Un mot à propos du sida

Le sida constitue toujours une préoccupation pour les employeurs. Si de nouvelles lois et réglementations seront probablement votées, pour le moment, le virus de l'immuno-déficience (VIH), le sida lui-même et les problèmes médicaux y étant reliés, sont considérés comme des incapacités.

Si votre résultat au test de dépistage (VIH, sida ou toute autre incapacité) est positif, lors de l'examen médical préliminaire à l'obtention d'un emploi, l'employeur ne peut retirer son offre, à moins que votre maladie ne vous empêche de faire le travail ou qu'elle représente une menace pour la sécurité de vos collègues de travail.

Variantes

⊃ *Avez-vous des problèmes de santé ?*

⊃ *Combien de jours de maladie avez-vous pris, l'an dernier ?*

⊃ *Dépensez-vous beaucoup d'argent pour vos prescriptions médicales ?*

⊃ *Est-ce-que votre ouïe est bonne ?*

⊃ *Êtes-vous en bonne forme physique ?*

⊃ *Vous a-t-on déjà refusé une assurance maladie privée ?*

⊃ *Vous a-t-on déjà refusé une assurance vie ?*

⊃ *À quand remonte votre dernière hospitalisation ?*

⊃ *Avez-vous consulté un médecin dernièrement ?*

⊃ *Êtes-vous handicapé ?*

⊃ *Avez-vous déjà fait une demande de compensation à la Commission de la santé et de la sécurité du travail (CSST) ?*

Autres questions de nature personnelle

 De quelles organisations êtes-vous membre ?

Réfléchissez bien avant de répondre à cette question. Un employeur ne peut poser des questions que sur les organisations, associations professionnelles et autres sociétés qui sont reliées à votre réussite professionnelle.

Il est toujours préférable d'oublier les noms des autres associations dont vous êtes membre, surtout celles qui donneraient des indices sur votre race, votre religion, votre couleur, votre origine, vos ancêtres, votre orientation sexuelle, une incapacité, physique ou intellectuelle, ou vos idées politiques.

 Avez-vous déjà fait faillite ?

Un employeur éventuel a le droit de savoir quel est votre salaire actuel.

Il n'est pas de bon aloi qu'il vous demande quels sont vos biens actuels ou passés, vos obligations financières ou, encore, des questions se rapportant à votre crédit. L'employeur n'a pas à vous demander non plus si vous êtes propriétaire ou locataire et toute autre information sur une faillite antérieure ou une saisie de salaire, sauf quand la loi sur l'accès à l'information le permet. Je vous recommande de consulter les lois et réglementations sur le sujet dans la province et (ou) le pays que vous habitez.

Variantes

➲ *Êtes-vous propriétaire ou locataire ?*

➲ *Avez-vous un autre revenu que celui de votre travail ?*

➲ *Touchez-vous des revenus pour un investissement quelconque ?*

Aviez-vous un bon dossier dans l'armée ?

Si vous avez fait votre service militaire, vous pouvez souligner les compétences et les connaissances que cette expérience vous a permis d'acquérir, si elles sont pertinentes à l'emploi postulé. Mais sachez que vous n'êtes pas obligé de donner de précisions quant à l'époque et à la durée de votre service militaire ou à la manière dont vous avez obtenu votre libération de l'armée. Ces faits font partie de votre passé et doivent le demeurer, pour l'essentiel.

Cependant, selon la loi de l'assurance-dépôt, dans une juridiction ou une autre, les banques, par exemple, ne peuvent embaucher des personnes comdamnées pour un crime impliquant la malhonnêteté ou un bris de confiance, même si la condamnation date de plusieurs années.

Variante

➲ *De quelle manière avez-vous obtenu votre libération de l'armée ?*

 Avez-vous déjà été arrêté ?

Un employeur éventuel n'a pas le droit de vous demander si vous avez déjà été arrêté, à moins que l'arrestation n'aie conduit à une condamnation. Par ailleurs, si vous appliquez pour un emploi de policier ou dans le domaine de la justice, l'employeur a le droit de faire une enquête complète et d'accéder à votre dossier judiciaire.

En général, l'employeur peut poser des questions sur vos condamnations au criminel mais pas sur celles au civil. Toutefois, si vous avez un dossier criminel, informez-vous auprès d'une personne compétente pour connaître le détail de vos obligations en la matière.

Alors, que faites-vous ?

Depuis les 25 dernières années, on a observé une augmentation des poursuites judiciaires contre les employeurs pour discrimination. Malgré tout, des questions inappropriées sont toujours posées durant les entrevues d'embauche.

C'est particulièrement vrai pour les gestionnaires affectés au recrutement, qui peuvent ne pas être très bien informés sur les aspects légaux de l'embauche. Si on vous pose une question inappropriée, vous avez trois choix :

❶ Vous retrancher derrière la Chartre des droits et libertés de la personne (fédérale ou provinciale) et refuser de répondre, même si vous n'avez rien à vous reprocher.

❷ Recourir à une approche pragmatique et donner des réponses qui, selon votre jugement, ne peuvent causer préjudice, pendant que vous mettez de côté, avec tact, les questions potentiellement dangereuses.

❸ Combiner les deux premières approches.

Faites attention à l'intervieweur subtil

La plupart des intervieweurs, qui cherchent une information inappropriée, ne le feront pas ouvertement. Le cas qui suit en est un de discrimination subtile.

Après avoir passé au travers de trois entrevues pour un emploi dans une importante société de tabac, une de mes amies pensait qu'elle était sur le point d'obtenir l'emploi. Toutefois, durant la dernière entrevue, l'intervieweur lui offrit une cigarette. Elle répondit : « Non, merci, je ne fume pas », sans jamais penser qu'elle venait ainsi de dire adieu à l'emploi !

Notez la subtilité. L'intervieweur ne lui a jamais demandée : « Êtes-vous fumeuse ? » ou « Fumez-vous ? » Refuser une candidate parce qu'elle n'accepte pas de s'impliquer dans une action menaçante pour sa santé pourrait mettre l'entreprise dans une situation périlleuse d'un point de vue légal, mais aussi en regard de son image corporative. En la forçant à donner elle-même l'information, l'intervieweur avait tout ce qu'il lui manquait encore pour l'éliminer de la course.

Quand j'ai entendu cette histoire, je n'ai pas pu m'empêcher de penser qu'elle aurait pu répondre « Non, merci. Je ne fume pas durant les entrevues. » C'est tout à fait vrai et elle se serait ainsi montrée aussi futée que l'intervieweur rusé !

Ce que vous devez faire après le fait

Si un intervieweur vous a posé des questions qui n'étaient pas reliées à l'offre d'emploi, et si vous pensez qu'on n'a pas retenu votre candidature, parce que vous avez refusé de répondre, ou qu'on a utilisé, à votre détriment, l'information fournie, vous pourriez alors avoir de bonnes raisons de porter plainte pour discrimination.

Le mot important ici est « pourriez ». Ainsi, le fardeau de la preuve vous revient. Vous devez ainsi faire la preuve que le but principal des questions était de faire de la discrimination envers les candidats. Par exemple, si le gestionnaire qui vous a posé des questions sur vos origines italiennes a finalement engagé un autre Italien, vous n'aurez rien à revendiquer, même s'il vous a posé des questions inappropriées.

Si vous pensez que vous avez de bonnes raisons de porter plainte pour discrimination, vous devrez le faire au bon endroit, soit à la Commission des droits de la personne et des droits de la jeunesse du Québec, si l'employeur est incorporé au Québec, soit à la Commission canadienne des droits de la personne, si l'entreprise a une charte fédérale.

Comme vous le savez probablement, beaucoup de temps se passe avant qu'une plainte ne soit entendue. Vous pouvez néanmoins obtenir une accusé de réception de votre plainte à la dite Commission.

Si vous êtes dans votre bon droit

Si l'une ou l'autre des commissions concernées en arrive à la conclusion que votre plainte est fondée, on va chercher, en premier lieu, à négocier un arrangement à l'amiable entre vous et l'employeur incriminé. Si aucune entente ne peut être conclue, la Commission des droits de la personne intentera elle-même une poursuite légale contre l'employeur en question.

Si vous avez gagné votre poursuite, ne vous attendez pas à une compensation très importante. La compensation la plus importante que vous pourriez obtenir d'une employeur fautif est un an de salaire.

Un dernier mot

Aucune information ou conseil dans ce chapitre ne peut être considéré comme un avis légal. Je ne suis pas un avocat. Si vous pensez qu'un employeur est coupable de discrimination, votre premier geste devrait être de communiquer avec la Commission des droits de la personne et, par la suite, avec un avocat, pour bien connaître vos droits et les recours possibles, compte tenu de l'incorporation de l'entreprise, de la nature de l'emploi postulé et de l'industrie impliquée.

Suggestions pour parer les questions illégales

⊃ **Connaissez vos droits.** Faites un peu de recherche pour connaître les questions qui peuvent toucher votre statut, votre région, votre industrie ou votre profession.

⊃ **Ne donnez pas la chance à l'intervieweur de poser ce genre de questions.** Laissez-le se débrouiller tout seul ! C'est-à-dire, n'abordez pas vous-même les sujets dont vous ne voulez pas discuter. Si vous le faites, il y a toutes les chances que l'intervieweur se mette à poser des questions considérées comme illégales, uniquement parce que vous avez vous-même ouvert la porte.

⊃ **Changez de sujet.** Si vous sentez que l'intervieweur pose des questions indiscrètes, détournez la conversation sur un autre sujet.

⊃ **Accordez le bénéfice du doute à l'intervieweur.** Après tout, vous êtes là pour obtenir un emploi. Alors, c'est à vous d'ajuster vos réactions à certaines questions délicates en tenant compte de votre désir d'obtenir l'emploi. De nombreux gestionnaires responsables de l'embauche ne savent pas qu'ils sont dans l'erreur. Accordez-leur le bénéfice du doute.

⊃ **Avertissez l'intervieweur avec doigté.** Dites à l'intervieweur, sans agressivité, que vous savez que ses questions sont inappropriées. Cela démontre que vous connaissez vos droits et que vous n'avez pas l'intention d'être victime de discrimination.

⊃ **Terminez l'entrevue sur le champ.** Si l'intervieweur ne revient pas sur le droit chemin, terminez l'entrevue sur le champ. Après tout, voudriez-vous travailler pour une entreprise ou une personne capable d'une telle fermeture d'esprit ? Si vous pensez avoir de bonnes raisons qui justifieraient une poursuite légale, pensez à porter plainte officiellement contre l'entreprise et l'intervieweur.

Chapitre 10

C'est dans le sac !

Bon, d'accord, puisque vous vous êtes rendu jusqu'à ce point dans le processus des entrevues d'embauche, vous *devriez* maintenant avoir obtenu l'emploi. Toutefois, vous n'avez aucun moyen d'en être tout à fait certain, n'est-ce pas ?

Ne vous détendez pas trop vite. À cette dernière étapes, les questions doivent être prises au sérieux. En un mot, quelques questions difficiles auxquelles vous devrez répondre peuvent encore vous être posées. Voyons lesquelles...

Les avions, les trains et les automobiles

 Êtes-vous disposé à voyager ?

Que veulent-ils entendre ?

Bien sûr, vous êtes disposé à voyager. Votre famille comprend bien les exigences de votre travail et accepte le fait que vous ayez à vous absenter, à l'occasion, loin de la maison. Est-ce que cela veut dire que vous voulez être à l'extérieur trois semaines sur quatre ? Probablement pas. À moins que vous ne vouliez pas voyager du tout, ne laissez pas cette question vous enlever la chance d'obtenir l'emploi. Si l'emploi exige plus de déplacements que vous n'êtes prêt à en accepter, que faites-vous ? Si d'apprendre que les déplacements seront fréquents constitue une surprise pour vous, la question à vous poser est : pourquoi ne me suis-je pas informé de cette possibilité plus tôt ?

 ## Êtes-vous prêt à déménager ?

Que veulent-ils entendre ?

Si vous êtes disposé à aller travailler dans une autre ville, dites-le : « Oui, je suis disposé à changer de domicile, s'il le faut. En effet, ça me donnerait l'occasion de vivre dans un autre milieu et de connaître une vie différente, de rencontrer de nouvelles personnes et le changement ne me dérange pas. »

Si vous ne l'êtes pas, dites-le également : « Bien, je ne suis pas intéressé à changer de domicile, à moins que l'emploi soit si intéressant que ça vaudrait la peine de déraciner ma famille et d'abandonner mes parents et mes amis. Est-ce que cet emploi exige un déménagement ? Je suis très intéressé à obtenir cet emploi, alors il m'apparaît possible de changer de domicile, si c'est absolument nécessaire. »

 ## Pouvons-nous communiquer avec votre employeur actuel ?

Pourquoi les intervieweurs posent-ils une telle question ? Vous allez probablement répondre : « Bien sûr, après avoir obtenu l'emploi, parce que je ne veux pas que mon employeur actuel sache que je suis à la recherche d'un nouvel emploi. »

Il est préférable de dire : « Bien sûr, vous pouvez communiquer avec mon employeur après que nous en soyons venus à une entente. Je crois néanmoins qu'il vaudrait mieux que je l'en informe d'abord moi-même. »

Pouvez-vous nous donner des références ?

Que veulent-ils entendre ?

Bien sûr. Dites à l'intervieweur que vous reviendrez lui porter une liste de références l'après-midi même ou le lendemain, si l'entrevue a lieu l'après-midi.

Est-ce que ce délai laisse paraître que vous n'êtes pas suffisamment préparé ? Ne devriez-vous pas vous présenter à l'entrevue avec une liste déjà toute prête ?

Franchement, dans le petit monde des entrevues d'embauche, prendre son temps pour remettre sa liste de références est une procédure courante. La raison pour laquelle vous voulez attendre ? Vous voulez d'abord aviser les personnes concernées qu'elles peuvent recevoir un appel de monsieur Martin de Phobimatique inc. Ces personnes doivent être prêtes à dire tout le bien qu'elles pensent de vous.

Avertissement : les employeurs sont de plus en plus réticents à donner des références, à cause de l'augmentation des poursuites légales en diffamation et fausse représentation de la part de leurs employés. C'est une bonne idée de demander à l'employeur ce qu'on va dire sur vous, parce que les informations sur les employés sont, en partie, confidentielles. C'est bien, aussi, si vous pouvez demander à votre employeur actuel, ou à votre dernier employeur, de brosser un portrait de vous qui soit assez exact et acceptable pour les deux parties. Les employeurs peuvent accepter de discuter de vos forces et de vos faiblesses et des raisons de votre départ de façon positive, si vous leur donnez votre consentement et participez au processus.

 Y a-t-il quelque chose en particulier que nous devrions connaître à votre sujet ?

Que veulent-ils entendre ?

Même si vous n'avez plus rien à dire, efforcez-vous de trouver quelque chose, parce que c'est là une occasion en or de conclure la « vente ». Vous seriez mal avisé de ne pas en profiter.

Donnez une réponse concise à cette question, en soulignant vos forces, vos réalisations, vos habiletés et vos connaissances. Par exemple :

> *« M. Martin, je pense que nous avons fait le tour du sujet, mais je désire souligner, à nouveau, les avantages que vous retireriez de ma contribution à votre société, en me confiant ce poste. »*

⊃ **L'expérience.** Mon emploi actuel ressemble passablement à celui que vous me proposez. Je suis enthousiasmé par le fait d'avoir la chance d'appliquer chez vous ce que j'ai appris chez Machinchose inc.

⊃ **Les compétences en gestion.** J'administre un service d'égale importance à celui-ci, à peu de choses près. Je suis un supérieur impartial et efficace.

⊃ **Les succès.** J'ai obtenu deux prix prestigieux au sein de l'industrie. Je vais faire preuve de la même créativité chez vous.

⊃ **L'enthousiasme.** Je suis impatient de travailler pour Phobimatique inc. À quel moment pensez-vous prendre votre décision ?

Dans cette réponse, vous devriez mettre en évidence les points principaux que vous avez voulu souligner tout au long de l'entrevue. C'est là une excellente technique de vente qui devrait vous donner une bonne idée de vos chances d'obtenir l'emploi.

Variantes

⊃ *Pourquoi devrais-je vous engager plutôt qu'un autre ?*

⊃ *En vous mettant à ma place, est-ce que vous m'engageriez ?*

Les trucs pour terminer avec succès une entrevue d'embauche

⊃ **Soyez prêt à poser des questions.** Rappelez-vous, une entrevue est comme une route à deux voies. Votre travail est de vous assurer que l'entreprise, l'industrie et le responsable de l'embauche vous conviennent.

⊃ **Ne parlez pas des congés.** Au moins, pas avant d'avoir obtenu l'emploi.

⊃ **Ne parlez pas de salaire et d'avantages sociaux.** Attendez d'avoir obtenu l'emploi. Vous ne voulez pas qu'une question d'argent n'entrave la réflexion de l'intervieweur, à savoir si vous êtes la personne la plus apte pour le poste.

⊃ **Préparez-vous un argument massue pour la fin de l'entrevue.** Vous devriez faire un bref résumé de vos forces, de vos habiletés, de vos réalisations, et souligner, en particulier, les éléments reliés aux exigences du poste, déjà mentionnées par l'intervieweur.

⊃ **Ne donnez pas immédiatement les noms de votre liste de références** avant d'avoir pris le temps d'avertir ces personnes qu'elles peuvent être contactées par votre employeur éventuel, et dites-leur ce qu'elles devraient dire (ou oublier de dire) à votre sujet.

Questions d'argent

Personne n'aime parler d'argent durant une entrevue d'embauche. Ça semble quelque peu *déplacé*. Mais cela ne veut pas dire que vous ne devriez pas en parler du tout. Rappelez-vous, simplement, que le choix du moment pour parler d'argent, est primordial.

Mon approche empirique est simple : ne parlez pas d'argent avant d'avoir convaincu l'intervieweur que vous êtes la personne toute désignée pour le poste ou qu'il n'aborde lui-même la question.

C'est pourquoi j'ai attendu à la fin du dernier chapitre avant de parler de la question salariale. L'intervieweur est toujours en train d'évaluer votre compétence, tant que vous n'êtes pas passé à travers toutes les étapes de l'entrevue. Par ailleurs, il est encore à interviewer d'autres candidats, parmi lesquels il y en a peut-être qui sont prêts à offrir leurs compétences à moindre coût que vous.

Même si l'intervieweur vous presse de donner un chiffre quant au salaire attendu, dès le début de l'entrevue, évitez de vous prononcer trop tôt. Au lieu de cela, donnez plutôt une fourchette salariale. Vous pourriez dire, par exemple : « Je pense qu'un salaire raisonnable pour cette situation doit graviter entre 30 000 $ et 40 000 $.»

Assurez-vous que le bas de cette échelle salariale soit au moins au niveau du salaire minimum que vous accepteriez, si on vous offrait l'emploi.

Une fois que l'employeur a fait son choix, vous êtes en bien meilleure position pour négocier la question salariale.

 ## Quelle est l'envergure du salaire que vous recherchez ?

Que veulent-ils entendre ?

Vous devez avoir une bonne idée de ce que paie le marché du travail pour ce type d'emploi. Si vous ne connaissez pas l'échelle de salaire relative à cet emploi dans votre secteur (c'est-à-dire, dans votre ville et dans votre région) et dans votre industrie, faites quelques recherches. Essayez de savoir si les chiffres que vous obtiendrez représentent seulement le salaire comme tel, ou s'il ne s'agit pas là d'une compensation *globale* qui inclurait les assurances, le fonds de pension et d'autres avantages sociaux.

Si vous êtes une femme, assurez-vous de connaître le salaire des hommes qui font le même travail. Vous avez des chances de trouver une différence entre les deux. Cependant, vous devez demander (et attendre) un salaire équivalent à celui des hommes, quels qu'aient été les revenus des femmes à ce poste par le passé.

Même si vous cherchez de l'emploi depuis plusieurs mois, évitez de dire en soupirant : « Ça alors ! Ce travail semble si intéressant, que j'ai de la difficulté à imaginer que vous allez me payer pour le faire ! Donnez-moi un bureau et un téléphone, et je travaillerai seulement pour le plaisir de la chose ! »

Je le vaux bien

Ayez confiance dans votre propre valeur. Vous avez travaillé fort pour vendre à l'intervieweur l'idée que vous êtes un employé digne de faire partie de l'entreprise. Rappelez-lui simplement sa décision.

Harry est non seulement un de mes amis, mais aussi un champion en entrevue d'embauche, et il le sait fort bien.

Alors, quand une recruteuse a appelé Harry pour un emploi qui lui semblait tout à fait convenable, mais avec un salaire moindre, celui-ci lui a répondu : « Je veux cet emploi. Donnez-moi un rendez-vous pour une entrevue. Après m'avoir rencontré, vous accepterez de me payer le salaire que je désire. »

Ça semble vaniteux, mais Harry savait ce qu'il faisait. Durant tout le processus de l'entrevue, il évita soigneusement toute question salariale. Quand, enfin, l'intervieweuse lui demanda : « Qu'est-ce que ça vous prend pour venir travailler chez nous ? » Harry était prêt à montrer ses cartes.

« Je comprends que le haut de l'échelle salariale est de 40 000 $ », dit-il. Quand l'intervieweuse confirma ses dires, il poursuivit : «Bien, j'aimerais avoir plus. J'ai passé l'entrevue parce que l'emploi m'intéresse au plus haut point. En réalité, la description de tâches donnée par Marie, dont vous avez parlé abondamment, a mon nom écrit dessus. »

Pour faire une histoire courte, Harry obtint le salaire demandé, parce qu'il avait déjà convaincu l'employeur de sa valeur. Si Harry avait demandé le même montant d'argent, plus tôt dans l'entrevue, il n'aurait plus été dans la course, selon toute probalité.

Qu'en est-il si votre demande initiale n'est pas acceptée ? C'est le temps de négocier.

Le salaire que vous demandez pour cet emploi est près du sommet de l'échelle salariale. Pourquoi devrions-nous vous payer une telle somme ?

Que veulent-ils entendre ?

Rappelez à votre futur employeur les économies de coûts et les autres bénéfices qu'il retirera lorsque vous serez à son emploi. Donnez des exemples particuliers, si nécessaire. Ainsi, vous pourriez dire :

> *« J'ai pu réduire les dépenses de mon ancien employeur de 10 %, en négociant de meilleures ententes avec les vendeurs. Je crois qu'il est raisonnable de penser que tout revenu additionnel serait compensé par les économies que je pourrais faire réaliser à l'entreprise. »*

L'employeur et vous en êtes venus à une entente, c'est le dernier morceau du puzzle avant de débuter votre nouvel emploi.

 Quand pouvez-vous commencer ?

Que veulent-ils entendre ?

Si vous avez été mis à pied ou congédié, vous pouvez commencer tout de suite, il va sans dire.

Mais si vous travaillez encore pour un employeur, vous devez donner au moins deux semaines d'avis. Si vous avez un poste de responsabilité, l'avis doit être encore plus important.

Aussi impatient que vous puissiez être de commencer votre nouvel emploi, je n'ai pas à vous rappeler qu'il n'est pas sage de brûler précipitamment tous les ponts avec un employeur. Vous ne savez pas si un jour vous n'aurez pas à traverser en sens inverse. Par exemple, offrez d'aider à trouver et à former votre remplaçant.

Plusieurs semaines peuvent se passer, avant que vous ne puissiez assumer à temps plein vos nouvelles responsabilités. Offrez-vous pour étudier la documentation ou les dossiers de l'entreprise ou, encore, présentez-vous le soir ou la fin de semaine, pour rencontrer les membres de votre nouvelle équipe et pour vous familiariser avec les procédures de l'employeur. On pourrait peut-être vous demander d'assister à un colloque ou à un séminaire, organisé par l'entreprise.

 ## Feu rouge

Si vous dites que vous n'êtes pas sûr du moment où vous pouvez commencer, ça veut dire, quant à moi, que vous n'êtes pas sûr d'être intéressé par le poste, même si vous l'êtes.

Ne dites surtout pas, que vous ne pouvez commencer avant quelques semaines, parce que vous voulez prendre des vacances. Je peux comprendre qu'une personne veuille *récupérer* d'un emploi difficile avant d'en commencer un nouveau ; mais il y a quelque chose qui me fait avaler de travers une telle réponse. C'est peut-être le sentiment que vous mettez vos propres besoins au-dessus de ceux de votre nouvel employeur ou que quatre semaines à attendre, je trouve cela un peu long. Peut-être est-ce tout simplement mon « idiosyncrasie », mais je déteste *royalement* entendre une personne planifier ses vacances avant de commercer à travailler pour moi.

Q: **Y a-t-il quelque chose qui pourrait vous empêcher d'accepter cet emploi, si on vous l'offrait ?**

Que veulent-ils entendre ?

« Absolument pas ! »

L'intervieweur fait tout ce qui est en son pouvoir pour tenter de savoir si vous acceptez ou non l'emploi qu'on vous offre et si vous vous présenterez le jour prévu pour entrer en fonction. Mais il n'a pas les moyens d'en être certain. Tout ce qu'il peut faire est de vous donner, à nouveau, l'occasion d'exprimer une préoccupation cachée ou un doute. Le salaire est-il trop bas ? Les avantages sociaux sont-ils incomplets ? Le bureau est-il trop petit ? Y a-t-il trop de supérieurs ou un manque de support ? Les attentes, quant aux ventes ou aux profits, seraient-elles irréalistes ? etc.

 En ce moment, êtes-vous en réflexion pour d'autres offres d'emploi que la nôtre ?

Que veulent-ils entendre ?

C'est là une autre question de « fermeture » de l'entrevue d'embauche que j'aime personnellement poser dès le début du processus pour savoir à quoi m'en tenir. Je présume que, à vos yeux, toute réponse honnête est adéquate, mais ce peut ne pas être du tout le cas. À moins que vous ne croyiez que l'intervieweur réagira positivement à une telle réponse, vous devriez garder vos cartes bien cachées. Vous n'avez probablement rien à gagner, si vous admettez que vous avez d'autres marrons sur le feu ! Alors, pourquoi attiser la flamme ?

Le savoir-vivre après l'entrevue d'embauche

Une fois que vous vous éloignez des feux de la rampe, après avoir serré la main de l'intervieweur, vous allez avoir besoin de tout votre sang-froid pour ne pas prendre vos jambes à votre cou et sortir précipitamment du bureau.

Cependant, dans votre hâte, n'oubliez pas que le processus de l'entrevue n'est pas tout à fait terminé. Que vous attendiez des nouvelles par téléphone ou un rendez-vous pour un ultime entretien avant la décision finale, il y a quelques règles d'étiquette que vous devez respecter.

➲ **Demandez à quel moment la décision d'embauche sera prise.** Si, passé ce délai, vous n'avez aucune nouvelle, il est tout à fait légitime d'appeler l'employeur pour lui demander si le poste a été comblé.

➲ **Écrivez un mot de remerciement.** Rédigez une lettre concise et précise. Remerciez l'intervieweur pour le temps qu'il vous a consacré. Puis, affirmez de nouveau votre intérêt pour l'entreprise et le poste en vue ; trouvez le moyen de rappeler à l'intervieweur comment vous pourriez utiliser vos habiletés et votre expérience pour répondre à une exigence clé de l'emploi.

Rédigez une lettre d'affaires en bonne et due forme et assurez-vous qu'elle ne contienne pas de fautes de frappe ou d'orthographe. L'exemple ci-dessous pourra vous servir de guide.

S'il y avait plus d'un intervieweur, il est de mise d'envoyer une lettre de remerciement à chacun d'eux.

Cher monsieur Tremblay,

Je vous remercie d'avoir discuté avec moi, hier, du poste de gérant des ventes. Ce fut un plaisir de vous rencontrer, et d'en avoir appris un peu plus sur la firme Bon Début inc.

Durant notre rencontre, vous avez mentionné que vous comptiez acheter sous peu un nouveau système informatisé de gestion. Durant des années, chez Domtar inc., j'ai évalué et travaillé avec un certain nombre de ces systèmes ; de ce fait, j'ai une bonne idée de ceux qui pourraient faire votre affaire. Je serais ravie de partager mes idées avec vous, en tout temps, si vous le voulez bien.

Je vous remercie à nouveau de l'intérêt que vous portez à ma candidature. J'attends de vos nouvelles quant à la possibilité de me joindre à votre équipe.

Veuillez agréer, cher monsieur Tremblay, l'expression de mes sentiments les meilleurs.

Jeanne St-Vincent

Suggestions pour que l'affaire soit « dans le sac »

⊃ **Attendez de recevoir une offre.** Évitez de répondre à toute question salariale au début de l'entrevue, avec une réponse comme : « L'échelle salariale habituelle pour ce type d'emploi me convient parfaitement » ou « Je dois obtenir plus d'information sur les responsabilités et le niveau d'expertise reliés à l'emploi, avant que je puisse me sentir à l'aise pour discuter de la question salariale. »

⊃ **Connaissez votre valeur.** Rappelez-vous que l'entreprise veut vous engager. Ils ont décidé que vous êtes le meilleur candidat pour le poste. Vous êtes donc en situation de pouvoir. S'ils hésitent à vous payer ce que vous demandez, rappelez leur quelques-uns des bénéfices qu'ils pourront retirer de votre contribution.

⊃ **Informez-vous sur les échelles salariales et sur la rémunération globale du secteur.** Cherchez au sein de l'industrie concernée et dans votre région. Si vous ne connaissez pas déjà l'échelle salariale du poste convoité, trouvez-là ! Vous devez négocier avec cette information en main.

⊃ **Négociez les avantages sociaux.** Assurez-vous de bien comprendre la valeur des avantages sociaux reliés à l'emploi, en plus du salaire. Les avantages sociaux peuvent différer beaucoup d'une entreprise à l'autre. Certaines entreprises fournissent l'auto et paient à leurs employés l'abonnement à des clubs sociaux. D'autre offrent des bonis ou des congés supplémentaires.

⊃ **Visez le sommet.** Si vous demandez plus que ce que l'entreprise peut offrir, l'intervieweur fera une contre-offre. Négociez un compromis à partir de cette dernière.

⊃ **Demandez un contrat en bonne et due forme,** surtout si vous négociez un arrangement salarial complexe avec des avantages sociaux particuliers. Assurez-vous d'avoir quelque chose sur papier, soit une lettre ou une note de l'employeur, soit une lettre que vous avez vous-même envoyée et qui a été acceptée, avant d'aviser votre employeur actuel que vous quittez.

Les touches de finition dans le processus de l'entrevue d'embauche

⊃ **Occupez-vous de votre réseau social.** Si un collègue de travail ou un ex-associé vous a référé ou a arrangé une rencontre entre vous et l'intervieweur ou le responsable de l'embauche, assurez-vous de lui envoyer une lettre de remerciement.

⊃ **Revivez les hauts et les bas de l'entrevue.** Qu'est-ce qui a bien été pendant l'entrevue ? Qu'est-ce qui aurait pu mieux aller ? L'idée n'est pas de vous torturer à propos de ce que vous avez dit ou auriez pu dire. Vous voulez plutôt vous assurer de continuer à faire les choses qui ont bien fonctionné et de travailler à modifier celles qui ont moins bien fonctionné, de façon à mieux tirer votre épingle du jeu, lors de votre prochaine entrevue d'embauche.

⊃ **Rafraîchissez votre curriculum vitae.** Est-ce que l'intervieweur a posé une question qui aurait pu être clarifiée dans votre curriculum vitae ? Avez-vous parlé de réalisations que vous aviez oubliées d'inclure dans celui-ci ? Si c'est le cas, c'est le temps, maintenant, de le réviser avant de l'envoyer de nouveau.

⊃ **Gardez le contact.** Le processus d'embauche peut prendre passablement de temps. Souvent, plus l'entreprise est importante, plus le processus est long. Alors, ne paniquez pas si une semaine ou deux se passent avant que vous ne receviez des nouvelles. Pas de nouvelles, bonnes nouvelles, dit-on. Si le temps s'étire indûment, il est alors tout à fait normal de téléphoner pour savoir si le poste a été comblé. Rappelez à l'employeur, en cette occasion, votre intérêt pour l'entreprise et rappelez-lui vos qualifications.

⊃ **Acceptez l'offre d'emploi au moment qui vous convient le mieux et selon vos conditions.** N'acceptez jamais une offre sur le champ. Prenez un jour ou deux pour y réfléchir. Dites à l'intervieweur à quel moment vous seriez prêt à donner votre réponse. Si vous décidez de refuser l'offre, dites poliment à l'employeur pourquoi vous ne pouvez accepter l'emploi.

⊃ **Félicitez-vous.** Vous êtes passé, avec brio, au travers d'un des événements les plus stressants de votre vie. Vous avez montré que vous êtes un véritable professionnel. Maintenant, vous êtes sur le bon chemin. Continuez sur cette voie !